Evaluation wirtschaftspolitischer Programme

Europäische Hochschulschriften
European University Studies
Publications Universitaires Européennes

Reihe V
Volks- und Betriebswirtschaft

Series V Série V
Economics and Management
Sciences économiques

Vol./Band 3269

PETER LANG
Bern · Berlin · Bruxelles · Frankfurt am Main · New York · Oxford · Wien

Lorenz Küng

Evaluation wirtschaftspolitischer Programme

Methodische Grundlagen und deren Illustration am Beispiel der kantonalen Wirtschaftsförderung

PETER LANG
Bern · Berlin · Bruxelles · Frankfurt am Main · New York · Oxford · Wien

Bibliografische Information Der Deutschen Bibliothek
Die Deutsche Bibliothek verzeichnet diese Publikation in der Deutschen Nationalbibliografie; detaillierte bibliografische Daten sind im Internet über ‹http://dnb.ddb.de› abrufbar.

ISSN 0531-7339
ISBN 978-3-03911-438-2

Hochfeldstrasse 32, Postfach 746, CH-3000 Bern 9
info@peterlang.com, www.peterlang.com, www.peterlang.net

Inhaltsverzeichnis

Abbildungsverzeichnis

Vorwort

Die Regierung wird von einer breiten Öffentlichkeit in hohem Mass für die wirtschaftliche Situation (mit)verantwortlich gemacht. Dementsprechend wird eine aktive Wirtschaftspolitik gefordert, und der Glaube an ihren Erfolg ist weit verbreitet. Wissenschaftliche Erfolgskontrollen sind zwar immer noch relativ selten. Aber so vielfältig auch ihre theoretischen Ansätze und die benutzten empirischen Methoden sind, ihre Ergebnisse stützen kaum den Glauben an die Wirksamkeit oder gar Effizienz aktiver Wirtschaftspolitik. Ein typisches Beispiel für diese Problematik ist die kantonale Wirtschaftsförderung in der Schweiz.

Der eklatante Unterschied zwischen der Einschätzung der kantonalen Wirtschaftsförderung in Öffentlichkeit und Politik einerseits und in der Wissenschaft anderseits, der ebenso eklatante Mangel an empirischen Erfolgskontrollen der kantonalen Wirtschaftsförderung und schliesslich die unkonsolidierte Vielfalt von theoretischen und ökonometrischen Evaluationsansätzen in der internationalen Literatur sind die Ausgangspunkte für die Untersuchung von Lorenz Küng. Ihr Ziel ist eine Auslegeordnung für ökonometrische Evaluationen wirtschaftspolitischer Programme. Auf dem gewählten Abstraktionsniveau sind nämlich die Probleme aller Politikevaluationen sehr ähnlich. Die kantonale Wirtschaftsförderung als Illustrationsbeispiel könnte ohne weiteres durch ein anderes selektives wirtschaftspolitisches Programm ersetzt werden.

Die Arbeit von Lorenz Küng ist methodisch orientiert. Sie gibt zuerst ein umfassendes Bild einer vollständigen Evaluation und ihrer Probleme und zeigt dann, wie die Komplexität schrittweise vermindert und dadurch schliesslich praktisch bewältigt werden kann. Dabei wird aber auch deutlich, welcher Erkenntnisverlust durch die Abstraktion von der vollen Komplexität der Probleme hingenommen werden muss:

Je geringer der Grad an verarbeiteter Komplexität desto einfacher ist die Evaluation, aber desto begrenzter und anfechtbarer sind auch die gewonnenen Ergebnisse. Besonderer Wert wird sodann auf eine systematische Evaluation der Verwendbarkeit und Aussagekraft der verfügbaren mikro- und makroökonometrischen Methoden, der Kosten-Nutzen-Analyse und der berechenbaren allgemeinen Gleichgewichtsmodelle gelegt, wie sie in dieser Form in der Literatur bisher nicht zu finden ist.

Der praktische Nutzen der methodischen Analyse besteht vor allem in zwei Punkten:

Die umfassende Auslegeordnung der Probleme wirtschaftspolitischer Evaluationen erlaubt es, die Vielzahl der höchst unterschiedlichen vorhandenen Studien einzuordnen und macht sie dadurch erst vergleichbar. Es lässt sich nun genau sagen, welche der im Prinzip relevanten Fragen gestellt werden und welche nicht und ob die verwendeten ökonometrischen Methoden adäquat sind oder nicht. Dies ist gewissermassen die kritische oder kritikorganisierende Funktion dieser Arbeit.

Umgekehrt hat die Arbeit aber auch eine forschungsorganisierende Funktion, indem sie aufzeigt, welche Fragen gestellt und welche Methoden zu ihrer Beantwortung eingesetzt werden können und was der genaue Stellenwert der erzielbaren Ergebnisse sein wird.

Seit dem Siegeszug des New Public Management sind Evaluationen selektiver wirtschaftspolitischer Programme häufiger geworden. Allerdings sträuben sich dem wissenschaftlichen Beobachter nicht selten die Haare ob des Wirrwarrs an theoretischen und ökonometrischen Ansätzen, ob der Unsicherheit der Ergebnisse und ob der vielfach weit überzogenen Interpretation, die ihnen zuteil wird. Die Arbeit von Lorenz Küng könnte einen wesentlichen Beitrag zur Systematisierung solcher Evaluationen, zur Erhöhung ihres Erkenntniswerts und zum kritischen Umgang mit den erzielten Ergebnissen leisten.

Prof. Dr. Henner Kleinewefers

Fribourg, im Februar 2007

Kapitel 1

Einführung

1.1 Die Erfolgskontrolle im wirtschaftspolitischen Entscheidungsprozess

Erfolgskontrollen sind wichtige Hilfen der Entscheidungsfindung. Wir wenden sie bei unseren eigenen persönlichen Handlungen täglich, meist unbewusst, an, wenn wir z. B. untersuchen, ob wir dieses oder jenes Ziel erreicht haben. Fällt die Antwort positiv aus, fragen wir uns, ob wir das Ziel nicht auch mit weniger Aufwand hätten erreichen können. Sind wir gescheitert, müssen wir uns überlegen, auf welche Weise wir das Ziel sonst erreichen könnten, oder ob es vielleicht unerreichbar ist. Diese Überlegungen enthalten bereits die wichtigsten Elemente einer Erfolgskontrolle, welche im Folgenden anhand des allgemeinen wirtschaftspolitischen Handlungsschemas, wie es in vielen Lehrbüchern und in Abbildung 1.1 auf Seite 12 dargestellt wird, erläutert und eingeordnet werden soll.

Die wirtschaftspolitische Entscheidung im engeren Sinn, welche im stark umrandeten Bereich der Abbildung 1.1 dargestellt ist, kann durch einen mehrstufigen Prozess von Teilentscheidungen mit Rückkoppelungen beschrieben werden. In einem ersten Schritt wird ein kollektives Zielsystem (1) konstruiert oder postuliert. Die dabei auftretenden Probleme der Aggregation individueller Präferenzen zu einer kollektiven eindeutigen Zielfunktion (Wohlfahrtsfunktion), welche minimale wünschbare Kriterien erfüllt wie Konsistenz, Transitivität und dynamische Stabilität, sind aus wissenschaftstheoretischer Sicht seit den grundlegenden Arbeiten von Arrow hinreichend bekannt.[1] Trotzdem

1 Siehe u. a. Arrow (1963).

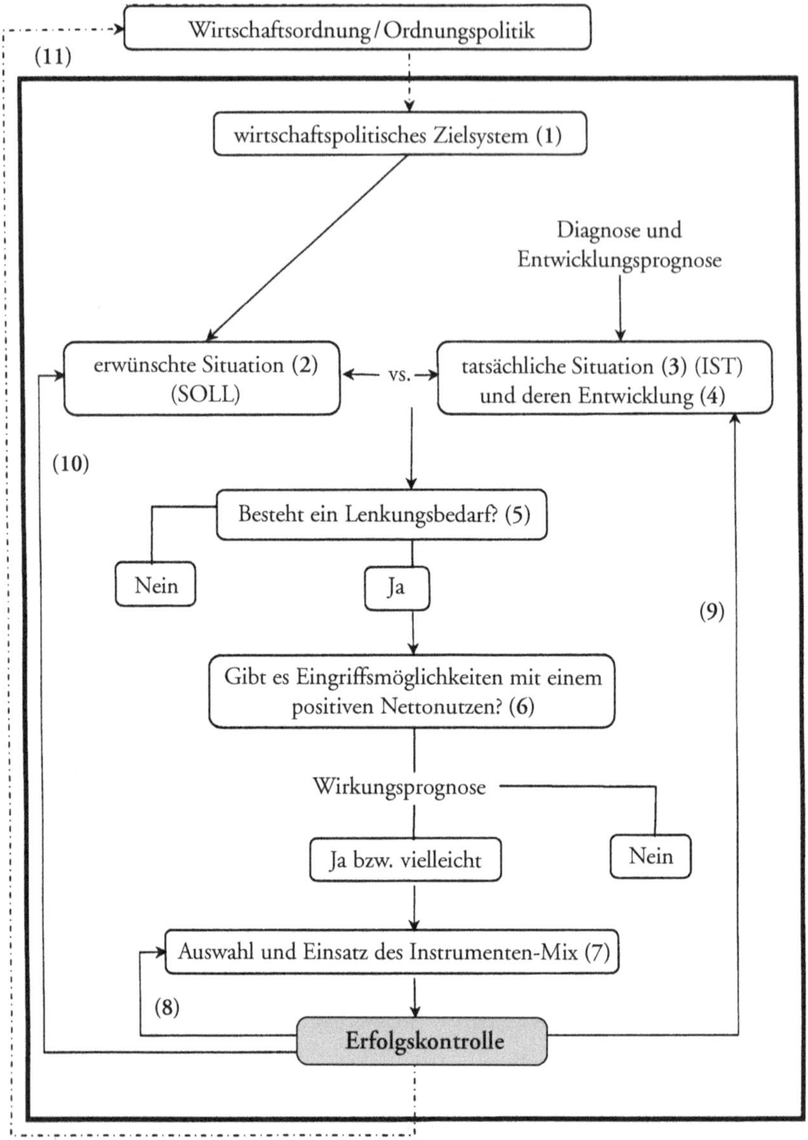

Quelle: Eigene Darstellung in Anlehnung an Kleinewefers (1998), S. 6.
Abbildung 1.1: Das wirtschaftspolitische Entscheidungsschema

müssen in der Praxis Kollektiventscheidungen gefällt werden. Es gibt verschiedene Modelle, welche versuchen, gesellschaftliche Entscheidungsfindungen zu modellieren. Auf diese Ansätze soll hier im Einzelnen nicht näher eingegangen werden. Ein spezieller Ansatz sei aber erwähnt: Die empirisch orientierte ökonomische Theorie der Politik hat verschiedene solcher Modelle entwickelt, wobei das Medianwähler-Modell nur ein Beispiel unter vielen ist. Im Unterschied zur Theorie kollektiver Entscheidungen à la Arrow sucht sie nicht nach einer Wohlfahrtsfunktion, welche gewisse normativ wünschenswerte Anforderungen erfüllt, sondern versucht, den Entscheidungsprozess selbst zu modellieren – und dies meist im ordungspolitischen Rahmen einer Demokratie. Die daraus resultierenden Kriterien für das Zustandekommen einer kollektiven Entscheidung sind dann nicht auf die Maximierung einer Wohlfahrtsfunktion ausgerichtet, sondern verlangen die Realisierbarkeit in einer (fiktiven) Abstimmung.

Sei das Zielsystem also gegeben, dann wird in einem zweiten Schritt der Ist-Zustand (3), d.h. die tatsächliche Situation, mit einer Diagnose und seine Entwicklung ohne Intervention (4) mit Hilfe einer Entwicklungsprognose analysiert und mit dem durch das Zielsystem vorgegebenen Soll-Zustand (2) verglichen. Wenn sich Soll- und Ist-Zustand bzw. Entwicklung wesentlich unterscheiden, dann besteht ein Lenkungsbedarf (5). In einem dritten Schritt wird nun abgewogen, ob ein Eingriff mit dem vorhandenen wirtschaftspolitischen Instrumentarium zum gewünschten Resultat führen kann (6). Da diese Entscheidung unter (grosser) Unsicherheit gefällt werden muss, ist eine Wirkungsprognose der erwarteten Entwicklung *mit* dem wirtschaftspolitischen Eingriff notwendig. Zudem müssen vom erwarteten Erfolg des potentiellen Eingriffs die sozialen Kosten abgezogen werden, welche unter dem Begriff der Opportunitätskosten zusammengefasst werden.[2] Falls der erwartete Ertrag aus der Intervention netto, d.h. nach Abzug der Opportunitätskosten, kleiner ist als der Nutzen aus dem Ist-Zustand bzw. aus dem

2 Diese *opportunity costs* werden ebenfalls anhand der sozialen Präferenzen bewertet und unterliegen deshalb denselben konzeptionellen Schwierigkeiten.

erwarteten Zustand ohne Eingriff, so ist es entscheidungstheoretisch rational, nicht zu intervenieren, auch wenn der Ist- vom Soll-Zustand abweicht, d.h. wenn ein Lenkungsbedarf besteht. Wenn der Netto-Ertrag aus der Intervention den Ist-Zustand bzw. die Ist-Entwicklung übersteigt, so muss in einem vierten Schritt eine Auswahl von wirtschaftspolitischen Instrumenten getroffen werden (7), mit welchen sich der Soll-Zustand am günstigsten erreichen lässt. Da der (wirtschaftspolitischen) Phantasie keine Grenzen gesetzt sind, steht meist eine (im Prinzip unendlich) grosse Auswahl an Instrumenten und deren Kombinationen zur Verfügung. Eine rationale Wirtschaftspolitik versucht nun, unter diesen Alternativen diejenige(n) auszuwählen, welche den Soll-Zustand optimal erreicht, d.h. den grössten Netto-Ertrag nach Abzug der sozialen Kosten verspricht. Eine solche Wahl heisst effizient – oder eben rational[3] – und wird meist unter grosser Unsicherheit getroffen. Insbesondere Politikalternativen, welche einen Grossteil der Wirtschaft betreffen, haben auf Grund der Gesamtinterdependenz des Wirtschafts- und Gesellschaftssystems oft schwer vorhersehbare Auswirkungen. Der Komplexität muss deshalb in vielen Fällen mit einem Versuch-und-Irrtum-Verfahren begegnet werden (8). Um aus diesem Verfahren lernen zu können, sollte der Versuch mit Hilfe einer Erfolgskontrolle ausgewertet werden. Fällt diese Erfolgskontrolle negativ aus, so gibt es im Prinzip drei Handlungsalternativen. Eine erste Möglichkeit wäre, die gewonnene Information dazu zu verwenden, um einen besseren – sprich effizienteren – Mitteleinsatz zu wählen (8). Da der Prozess dynamisch ist und der anfängliche Ist-Zustand nicht mehr dem aktuellen Zustand entspricht, besteht eine zweite Möglichkeit in einem erneuten Soll-Ist-Vergleich. Der Pfeil (9) stellt den Versuch dar, die Fehler der Situationsanalyse zu korrigieren. Die dritte Handlungsalternative ist eine Überarbeitung des Zielsystems (10), welches möglicherweise zu ambitiös formuliert wurde.

3 Zur Kritik und Relativierung des Rationalitätsbegriffs in der wirtschaftspolitischen Entscheidung siehe Kleinewefers (1998).

Durch die oben aufgeführten Erläuterungen wurde die Relevanz der Erfolgskontrolle im entscheidungstheoretischen Prozess unterstrichen. Im Weiteren soll die Erfolgskontrolle schematisch dargestellt werden mit besonderer Berücksichtigung der kantonalen Wirtschaftsförderung. Dieses Schema erleichtert die Einordnung der einzelnen Schritte aus Kapitel 2 und verschafft dem Leser einen besseren Überblick.

1.2 Die Erfolgskontrolle und der Umgang mit ihrer Komplexität

1.2.1 Die volle Komplexität einer Erfolgskontrolle: Das Volk als Auftraggeber

Die Abbildung 1.2 auf Seite 16 zeigt schematisch die volle Komplexität einer Erfolgskontrolle in der Situation, in welcher das Volk der Auftraggeber an die kantonale Wirtschaftspolitik ist. In diesem Fall muss in einem ersten Schritt zunächst das relevante Zielsystem definiert werden. Daraus werden die Zielvariablen abgeleitet und operationalisiert, so dass die entsprechenden Zielgrössen mit ihren Soll-Zuständen definiert werden können.

Diese M Zielgrössen wollen wir mit Y_m bezeichnen, $m = 1, \ldots, M$, welche zu einem Vektor $Y: = (Y_1, \ldots, Y_M)$ zusammengefasst werden können. Anschliessend werden die möglichen wirtschaftspolitischen Instrumente bestimmt und geeignet operationalisiert. Diese Instrumente bzw. der wirtschaftspolitische Instrumenten-Mix der Politik j werden mit π_j abgekürzt.[4] Die Instrumente wirken in einem gewissen Zeitraum t kausal auf die Zielvariablen Y, was als (beabsichtigte) Hauptwirkungen

4 In Abschnitt 2.4 wird diese Politikvariable auf der Menge Π der möglichen Ursachen $r \in \Pi$ definiert. π_j entspricht also einem Vektor von Instrumenten, welcher die Politikmassnahme j definiert.

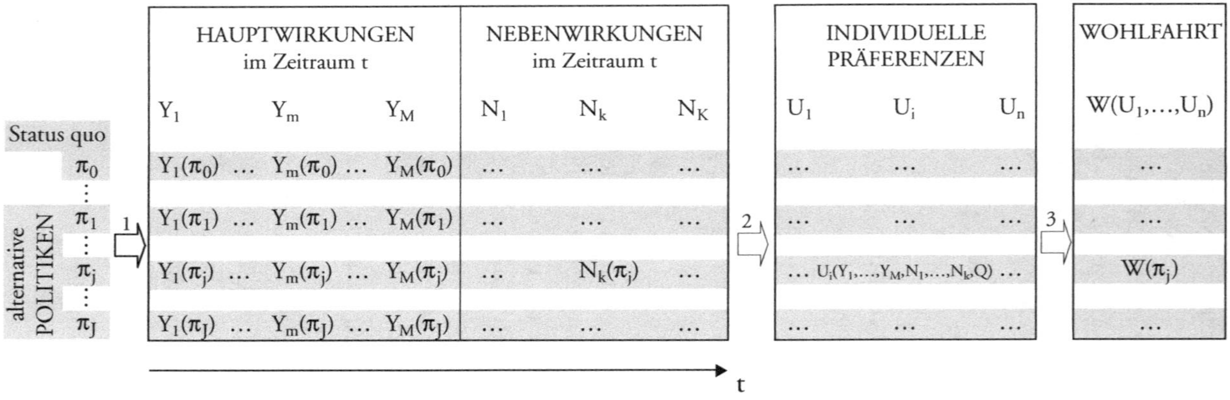

Quelle: Eigene Darstellung in Anlehnung an Kleinewefers (1998)

Anmerkungen:
1. Kausalanalyse
2. Individuelle Nutzenanalyse (Bewertung und sachliche Aggregation)
3. Gesellschaftliche Wohlfahrtsanalyse (personelle Aggregation)

Abbildung 1.2: Die volle Komplexität einer Erfolgskontrolle: Das Volk als Auftraggeber

bezeichnet wird, und auf andere Grössen, wodurch sogenannte (unbeabsichtigte) Nebenwirkungen N_k (k = 1, …, K) verursacht werden. Diese Kausalität wird in der Abbildung 1.2 durch den Pfeil 1 dargestellt. Da das System dynamisch ist, treten ausser den Sofortwirkungen auch sogenannte Fernwirkungen auf. Dies gilt sowohl für die Haupt- als auch für die Nebenwirkungen.[5] Dadurch stellt sich das Problem der Aggregation dieser Wirkungen über die Zeit, welches in Abschnitt 2.5 kurz diskutiert wird und mit dem Begriff der *social discount rate* verbunden ist.

In einem zweiten Schritt wird die kausale Wirkung der Instrumente π_j (j = 0, 1, …, J) auf die Ziele und alle anderen *wirtschaftspolitisch relevanten* Variablen analysiert, d.h. die Haupt- und Neben-, Nah- und Fernwirkungen werden untersucht (Pfeil 1).

In einem dritten Schritt ist das Resultat dieser Politik, d.h. die Haupt- und Neben-, Nah- und Fernwirkungen, mittels individueller (annahmegemäss persistenter) Präferenzen, welche durch das Konzept der Nutzenfunktion U_i, i = 1, …, n, operationalisiert werden können, falls gewisse minimal wünschbare Eigenschaften erfüllt sind,[6] (Pfeil 2) mit Hilfe einer sozialen Zielfunktion W zu bewerten (Pfeil 3). Die Politikmassnahme wird so gesellschaftlich beurteilt, indem die Situation nach der Intervention mit dem gewünschten Soll-Zustand verglichen wird.

In der Abbildung 1.2 entspricht dies einer *horizontalen* Analyse, welche ich als *lokale Analyse* bezeichne. *Horizontal* deswegen, weil die Politikmassnahme π_j über die horizontale Achse zuerst kausalanalytisch untersucht wird (Pfeil 1), die Auswirkungen, d.h. Haupt- und Nebenwirkungen sowie Nah- und Fernwirkungen, anschliessend individuell beurteilt und sachlich aggregiert werden (Pfeil 2) und diese personellen

5 In Anlehnung an die Terminologie von Gleichungssystemen zur Modellierung von gesamtwirtschaftlichen Zusammenhängen wird dabei oft auch von *impact, interim* und *total multipliers* gesprochen.

6 Diese notwendigen Eigenschaften, welche die axiomatische Mikroökonomie begründen, sind die Annahmen der *Vollständigkeit, Transitivität, lokalen Nicht-Sättigung* und *Stetigkeit* individueller Präferenzen. Siehe dazu z.B. Mas-Colell, Whinston und Green (1995).

Bewertungen zum Schluss zu einem gesellschaftlichen Urteil aggregiert werden (Pfeil 3). Damit kann der eingetretene Zustand einerseits mit dem Soll-Zustand verglichen werden und andererseits mit dem (befürchteten) erwarteten Ist-Zustand ohne Intervention (für welchen eine Entwicklungsprognose erstellt worden ist).

Diese Analyse ermöglicht jedoch noch keine *Effizienz*aussage. Dazu müssen im Prinzip alle möglichen – bzw. alle nicht mit irgendeinem anderen Argument auszuschliessenden – Politiken π_0 bis π_J ebenfalls mit Hilfe dieses horizontalen Schemas analysiert werden, d.h. es muss zusätzlich eine *vertikale* Analyse durchgeführt werden, welche ich *globale Analyse* nenne. Als Resultat erhält man, falls eine soziale Zielfunktion W definiert ist, alle effizienten Politik-Alternativen, d. h. alle π^*, welche die Bedingung

$$\pi^* = \max_{\pi_j} W(\pi_j) \tag{1.1}$$

erfüllen.

In der Praxis wird oft das Sozialprodukt oder ein anderes gesamtwirtschaftliches Aggregat (z.B. ein sozialer Indikator) zur Operationalisierung von W verwendet. Dies impliziert einen utilitaristischen Bewertungsansatz à la Bentham, d.h. der Nutzen ist kardinal messbar, die einzelnen Nutzenfunktionen sind linear in den Argumenten und werden ungewichtet aufaddiert. Dann entspricht die soziale Wohlfahrtsfunktion dem Sozialprodukt, welches zu Grenznutzenpreisen, d.h. zu Markt- und Schattenpreisen bewertet wird (siehe dazu Kleinewefers [1996]). Das Sozialprodukt entspricht einem Durchschnittsmass, d.h. dem ersten Moment der Ergebnisverteilungsfunktion, wobei unter Ergebnis alle möglichen Arten von Gütern i.w.S. verstanden werden. Wenn man Informationen über höhere Momente – im Idealfall über die ganze Verteilungsfunktion – besitzt, so lassen sich auch andere Kriterien wie z.B. die Verteilungsfrage in die Bewertung integrieren.[7]

7 Die Bewertung auf Grund der beiden ersten Momente, des Erwartungswerts und der Varianz, entspricht dem Wohlfahrtsansatz von Mill und Pigou. Siehe dazu Kleinewefers (1996).

1.2.2 Schrittweise Reduktion der Komplexität

Im Folgenden wird die Komplexität des in Abschnitt 1.2.1 und in Abbildung 1.2 auf Seite 16 vorgestellten Schemas der Erfolgskontrolle anhand verschiedener Annahmen sukzessive reduziert. Die einzelnen Schritte werden in der linken Spalte der Tabelle 1.1 auf Seite 25 aufgelistet. Durch diesen Vorgang wird auch der Unterschied zwischen der Erfolgskontrolle der kantonalen Wirtschafts*politik* und derjenigen der kantonalen Wirtschafts*förderung* herausgearbeitet.

Schritt 1: Keine personelle Aggregation

In einem ersten Schritt kann die Komplexität der Erfolgskontrolle dadurch reduziert werden, dass die individuellen Präferenzen nicht zu einer sozialen Zielfunktion zusammengefasst werden. Mit anderen Worten: Es wird auf eine personelle Aggregation verzichtet, wodurch in Abbildung 1.2 auf Seite 16 der Pfeil 3 und somit der ganze letzte Block der gesellschaftlichen Wohlfahrtsanalyse wegfällt. Das Problem dabei ist, dass mit dieser Lockerung die Bewertung der verschiedenen Politikalternativen nicht mehr möglich ist. Eine solche Art der Erfolgskontrolle würde jedoch die Entscheidungsträger der kantonalen Wirtschaftspolitik – seien es die Regierung oder die Stimmbürger – zumindest darüber informieren, wie sich die jeweiligen Politikmassnahmen auf die einzelnen Individuen oder Gruppen von Individuen auswirken und von diesen bewertet werden.

Schritt 2: Die kantonale Regierung als Auftraggeber

In einem zweiten Schritt wird die Komplexität der Erfolgskontrolle dadurch weiter reduziert, dass nur noch die Regierung als Entscheidungsträger der kantonalen Wirtschaftspolitik betrachtet wird. Diese Situation wird durch Abbildung 1.3 auf Seite 20 schematisch dargestellt. In diesem Fall gibt die Regierung die Entscheidungsfunktion U_R vor, anhand derer die gewünschten Hauptwirkungen Y_1 bis Y_M sowie

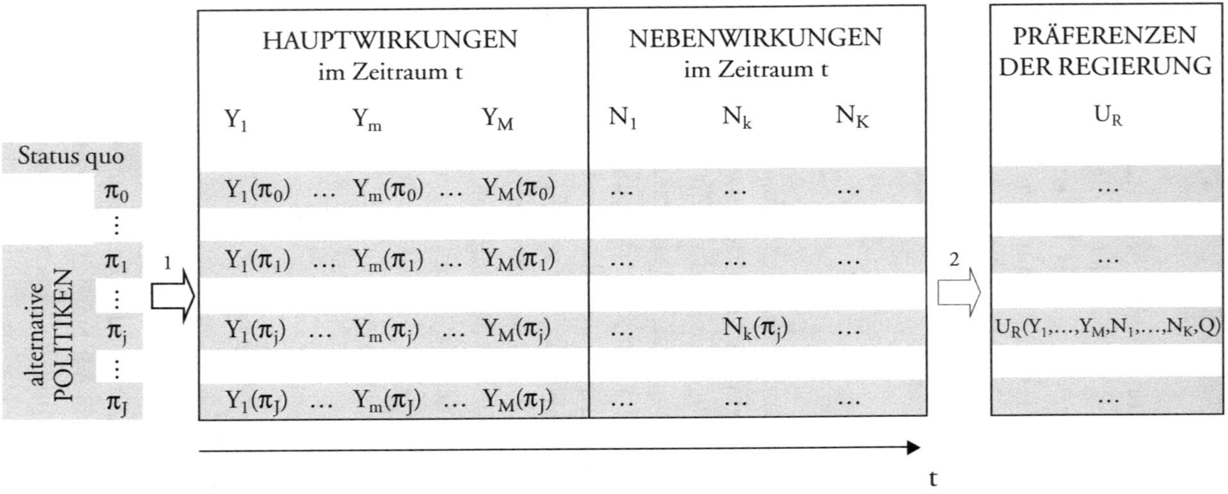

Quelle: Eigene Darstellung in Anlehnung an Kleinewefers (1998)

Anmerkungen:
1. Kausalanalyse
2. Individuelle Nutzenanalyse (Bewertung und sachliche Aggregation)
3. Gesellschaftliche Wohlfahrtsanalyse (personelle Aggregation)

Abbildung 1.3: Reduktion der Komplexität: Die kantonale Regierung als Auftraggeber

die unbeabsichtigten Nebenwirkungen N_1 bis N_K beurteilt werden können. Diese Funktion U_R stellt eine Vorschrift dar, welche darüber Auskunft gibt, wie die einzelnen Haupt- und Neben- sowie Nah- und Fernwirkungen bewertet und sachlich aggregiert werden sollen. Diese Vorschrift U_R könnte beispielsweise in einem Wirtschaftsförderungsgesetz verankert oder als klarer Auftrag an die Wirtschaftsförderung formuliert werden. Dadurch ist im Unterschied zum obigen Fall ohne personelle Aggregation wieder eine Zielfunktion vorgegeben, nämlich $U_R(Y_1, \ldots, Y_M, N_1, \ldots, N_K)$, welche eine Bewertung der Massnahmen erneut ermöglicht.

Auf dieser und den noch folgenden Ebenen der Erfolgskontrolle ist eine klare Trennung zwischen der Erfolgskontrolle der kantonalen Wirtschafts*politik* und derjenigen der kantonalen Wirtschafts*förderung* möglich und notwendig. Die kantonale Wirtschaftsförderung ist lediglich eines von vielen *Instrumenten* der kantonalen Wirtschaftspolitik, welche sich letztlich nur dadurch rechtfertigen lässt, dass sie die Wohlfahrt – wie auch immer diese operationalisiert wurde – erhöht. Die *Erfolgskontrolle der kantonalen Wirtschaftsförderung* hingegen versucht – wie der Name schon sagt – die Wirtschaftsförderung *als solche*, d.h. als Institution, zu evaluieren.

Die kantonale Wirtschaftsförderung erhält ihren Auftrag letztlich *immer* von der kantonalen Politik. Im Idealfall geschieht dies explizit in Form eines klaren Auftrags seitens der Regierung an die Wirtschaftsförderung, ansonsten lediglich implizit durch einen informellen Auftrag. Es ist deshalb wichtig, diese beiden Arten der Erfolgskontrolle konzeptionell zu trennen. So ist es durchaus möglich, dass die Erfolgskontrolle der kantonalen Wirtschafts*förderung* positiv ausfällt und gleichzeitig jene der kantonalen Wirtschafts*politik* negativ. Dieser Fall tritt dann ein, wenn die Wirtschaftsförderung die falschen – von der kantonalen Politik vorgegebenen – Ziele auf eine «effiziente» Weise erfüllt. Andererseits kann die Erfolgskontrolle der kantonalen Wirtschaftsförderung deshalb negativ ausfallen, weil ihr die Wirtschaftspolitik unerreichbare Zeile vorgegeben hat und nicht, weil die Mittel falsch oder ineffizient verwendet worden sind.

Schritt 3: Konzentration auf die Hauptwirkungen

In den wenigen Fällen, in denen eine klare Zielvorgabe seitens der Politik an die kantonale Wirtschaftsförderung vorliegt, werden meistens nur die gewünschten Hauptwirkungen aufgelistet und in den seltensten Fällen die zu vermeidenden Nebenwirkungen. In der Abbildung 1.3 auf Seite 20 reduziert sich dadurch die Zielfunktion, welche eine Vorschrift zur Bewertung und sachlichen Aggregation der Ziele darstellt, auf $U_R(Y_1, \ldots, Y_M)$. Der Block der Nebenwirkungen $N_1, \ldots, N_K$ fällt dementsprechend weg.

Schritt 4: Konzentration auf eine Hauptwirkung

Ein vierter Schritt zur Reduktion der Komplexität der Erfolgskontrolle besteht darin, nur *eine* Hauptwirkung der Politikmassnahmen zu untersuchen. Die Zielfunktion reduziert sich dadurch auf $U_R(Y_1)$. Es wird somit lediglich verlangt, dass einerseits die verbleibende Hauptwirkung Y_1 eindeutig definiert wird und dass andererseits eine Mess- und Bewertungsvorschrift gegeben ist, anhand derer die verschiedenen Politikalternativen evaluiert werden können. Die sachliche Aggregation der verschiedenen wirtschaftspolitischen Ziele bzw. Hauptwirkungen entfällt somit. Ein typisches Beispiel eines solchen ultimativen Ziels für die kantonale Wirtschaftsförderung wäre die «Schaffung und Erhaltung von Arbeitsplätzen im Kanton». Wir werden im Abschnitt 2.2 sehen, wie dieses Ziel operationalisiert und bewertet werden kann.

Schritt 5: Konzentration auf eine Politik-Alternative

Eine weitere Reduktion der Komplexität wird dadurch erzielt, dass man sich nur noch auf *eine* Politikalternative π_1 relativ zur Status-quo-Politik π_0 konzentriert. Wir werden sehen, dass in der praktischen Umsetzung v.a. zwei Politiken analysiert werden, nämlich die tatsächlich ausgeführte Politik π_0 (Status quo) und die hypothetische Situation einer anderen Politik π_1. Die Effizienzkontrolle der kantonalen Wirtschaftsförderung untersucht in diesem Fall, ob an Stelle des tatsächlich erzielten Ergebnisses $Y_1(\pi_0)$ auch ein besseres Ergebnis $Y_1(\pi_1)$ zu haben gewesen wäre. Formal ausgedrückt untersucht die Regierung, ob $U_R(Y_1(\pi_1)) \geq U_R(Y_1(\pi_0))$ ist.

Schritt 6: Komparative Statik

Eine komparativ-statische Analyse der kausalen Wirkung der Politikmassnahmen π_0 und π_1 auf die Hauptwirkung Y_1 stellt eine eine zusätzliche Alternative zur Reduktion der Komplexität der Erfolgskontrolle dar. Dadurch entfällt die durch den Pfeil t dargestellte Zeitdimension und mit ihr alle Fernwirkungen. Es bleibt lediglich die Nahwirkung der Politik auf die Zielvariable Y_1. Damit stellt sich aber die Frage nach dem richtigen Timing der Messung der Auswirkungen auf die Zielvariable Y_1, d.h. die Frage nach dem angemessenen Mess- und Bewertungszeitraum.

Schritt 7: Analyse des Status quo

In einem letzten Schritt kann die Erfolgskontrolle auf die Analyse des Status quo reduziert werden. Dabei liegt das Hauptaugenmerk auf der Untersuchung der kausalen Beziehung zwischen π_0 und Y_1. Dieser letzte Schritt wird schematisch an Hand von Abbildung 1.4 auf Seite 24 veranschaulicht.

1.2.3 Partial- versus Total-Analyse

Die Frage nach derWahl eines partial- oder eines totalanalytischen Modellansatzes ist von dem oben vorgestellten und in Tabelle 1.1 auf Seite 25 dargestellten Schema der Erfolgskontrolle zu unterscheiden. Der zu modellierende Teil der Erfolgskontrolle besteht aus dem Block der Haupt- und Nebenwirkungen zuzüglich der Nah- und Fernwirkungen sowie der kausalen Wirkungen des Politikblocks, d.h. des Pfeils 1. In einem Partialmodell wird die Gesamtinterdependenz des Wirtschafts-

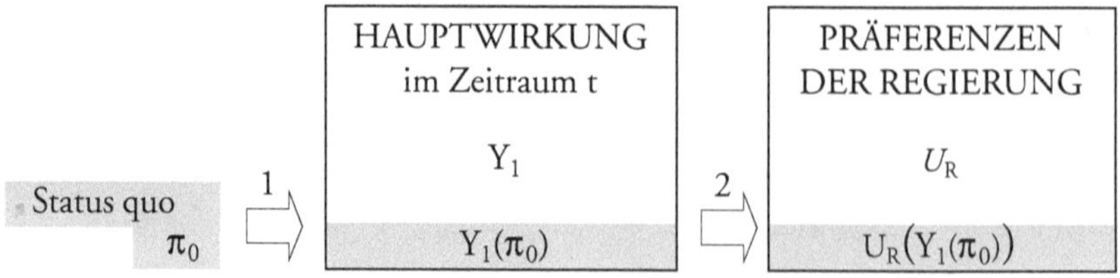

Quelle: Eigene Darstellung in Anlehnung an Kleinewefers (1998)

Anmerkungen: 1. Kausalanalyse
2. Nutzenanalyse (Bewertung)

Abbildung 1.4: Reduktion der Komplexität: Analyse des Status quo

systems ausgeblendet und die Konzentration liegt auf der *direkten* Wirkungsbeziehung zwischen π_j und Y_m.[8] Diese Vereinfachung wird in der Ökonomie oft durch die Verwendung der *ceteris paribus* Klausel unterstrichen. Bei der Totalanalyse wird versucht, auch die indirekten Effekte und die Wechselwirkungen der Variablen innerhalb des Wirtschaftssystems zu erfassen.[9] Auf diesen fundamentalen Unterschied werden wir in Abschnitt 2.5 näher eingehen. Die verschiedenen Ebenen einer Erfolgskontrolle können zum Schluss in der folgenden Tabelle zusammengefasst werden:[10]

8 Zur Abgrenzung zwischen Partial- und Totalanalyse siehe u.a. Kleinewefers und Jans (1983) sowie die im Kapitel 2 folgenden Ausführungen.

9 Selbstverständlich ist jedes Modell im Grunde genommen partialanalytischer Natur, denn die Aufgabe des Modells besteht ja gerade darin, von der (zu) komplexen Wirklichkeit zu abstrahieren. Siehe dazu Kleinewefers und Jans (1983).

10 Die nummerierten Felder 1 bis 16 in dieser Tabelle dienen im folgenden Abschnitt 1.3 zur Veranschaulichung der Möglichkeiten und Grenzen einer empirischen Erfolgskontrolle sowie der Einordnung der im Kapitel 2 vorgestellten Methoden.

Tabelle 1.1: Die Ebenen einer Erfolgskontrolle

	Partialanalyse	Totalanalyse
Die volle Komplexität	1	2
Keine personelle Aggregation	3	4
Die kantonale Regierung als Auftraggeber	5	6
Konzentration auf die Hauptwirkungen	7	8
Konzentration auf eine Hauptwirkung	9	10
Konzentration auf eine Politikalternative	11	12
Komparative Statik	13	14
Analyse des Status quo	15	16

Quelle: Eigene Darstellung.

1.3 Möglichkeiten und Grenzen einer empirischen Erfolgskontrolle

Im folgenden Kapitel 2 wird versucht, die verschiedenen Methoden der Erfolgskontrolle in das Schema der Tabelle 1.1 aus Abschnitt 1.2.3 einzuordnen. Dadurch werden die begrenzten Möglichkeiten einer empirischen Erfolgskontrolle deutlich und zugleich wird die immense Komplexität ersichtlich, welche selbst nach den oben aufgeführten Reduktionsschritten immer noch besteht.

In Abschnitt 2.1 wird zuerst auf die Schematik einer Erfolgskontrolle eingegangen. Diese kann anhand der Abbildung 1.2 auf Seite 16 aufgezeigt werden. Die Zielerreichungskontrolle in Abschnitt 2.2 behandelt die Variablen Y_m ($m = 1, \ldots, M$) sowie N_k ($k = 1, \ldots, K$) und setzt sich mit der individuellen Nutzen- und der gesellschaftlichen Wohlfahrtsanalyse auseinander (Pfeile 2 und 3).

Der Abschnitt 2.3 untersucht die Politikvariablen π_j ($j = 0, 1, \ldots, J$) im Rahmen der Ausführungskontrolle. Diese beiden Kontrollen werden anschliessend im Abschnitt 2.4 anhand der Wirkungsanalyse verbunden, welche die kausale Wirkungsbeziehung zwischen den Politikvariablen und den Haupt- und Nebenwirkungen herzustellen versucht (Pfeil 1).

Das Kapitel 2 wird durch die Effizienzkontrolle abgerundet, welche auf die in der Einleitung aufgezeigte Komplexität der Evaluation nochmals genauer eingeht, insbesondere auf die Gesamtinterdependenz des Systems und auf die Probleme der Aggregation und Bewertung.

In Abschnitt 2.4 wird die sogenannte mikroökonometrische Evaluation von wirtschaftspolitischen Programmen vorgestellt. Es wird sich herausstellen, dass diese Form der Erfolgskontrolle partialanalytischer Natur und zudem oft komparativ-statisch ist. Aus diesem Grund kann sie den Feldern 15, 13 und gegebenenfalls dem Feld 11 in Tabelle 1.1 auf Seite 25 zugeordnet werden.

Bei der Effizienzanalyse in Abschnitt 2.5 werden berechenbare allgemeine Gleichgewichtsmodelle vorgestellt. Diese Modelle sind totalanalytischer Natur und deshalb bezüglich Methode und Datenlage anspruchsvoller als die mikroökonometrischen Modelle. Einfachere allgemeine Gleichgewichtsmodelle decken die Zellen 16, 14, 12 und 10 ab. Anspruchsvollere *Computable General Equilibrium* (CGE) Modelle könnten zudem die Zellen 8 und 6 analysieren. Da diese CGE-Modelle heterogene Präferenzen modellieren können bzw. müssen, um die verschiedenen (Nachfrage-)Effekte adäquat abzubilden, ist im Prinzip auch die Zelle 4 analysierbar. Die Nutzenfunktionen U_1 bis U_n dürfen dann jedoch nicht mehr als individuelle Präferenzen aufgefasst werden, sondern stellen aggregierte Präferenzen von verschiedenen, möglichst homogenen Personen bzw. Haushalten dar.

Wenn zudem eine gesellschaftliche Zielfunktion W gegeben ist, wäre mit einem solch detaillierten CGE-Modell im Prinzip auch eine gesellschaftliche Beurteilung der verschiedenen Politikmassnahmen möglich (Zelle 2). Es sei aber abschliessend daran erinnert, dass bei steigenden Anforderungen an die Evaluationsmodelle deren Aussagen entsprechend stark relativiert werden müssen. Der Hauptzweck solcher Modelle liegt nicht in der sehr genauen Abbildung der Realität, sondern darin, dass die Modelle die indirekten Effekte, die die verschiedenen Politikalternativen verursachen können, aufzeigen. Zudem dienen sie als sogenannte *Benchmark*-Modelle dazu, die verschiedenen Politikmassnahmen möglichst objektiv zu evaluieren, indem immer wieder derselbe Modellrahmen mit den bekannten *expliziten* Annahmen zur Messung und Bewertung verwendet wird. Mit anderen Worten: Diese Modelle stellen eine Art volkswirtschaftliches Labor dar, in welchem mit verschiedenen Politikmassnahmen experimentiert werden kann. Diese in der Modellwelt ausgeführten Politikexperimente sind aus verschiedenen Gründen in der Realität (meistens) nicht durchführbar.[11] Diese Modelle[12] stellen somit für den Ökonomen und den Wirtschaftspolitiker (oft) die einzige Möglichkeit des Lernens dar.

Das Kapitel 3 schliesslich fasst die Ergebnisse dieser Arbeit noch einmal kurz zusammen und zeigt anschliessend den aktuellen Stand der Evaluation kantonaler Wirtschaftsförderungen auf – soweit dieser der Öffentlichkeit bekannt ist. Das Kapitel schliesst mit (pragmatischen) Empfehlungen für das zukünftige Vorgehen bei der Verwirklichung einer empirischen Erfolgskontrolle der kantonalen Wirtschaftsförderung.

11 Sei es aus ethischen, politischen oder Kostengründen.

12 Dies gilt selbstverständlich für *alle* Modelle, die wirtschaftspolitische Implikationen aufweisen.

Kapitel 2

Die Erfolgskontrolle

2.1 Der Aufbau einer Erfolgskontrolle

Es gibt meines Wissens keine eindeutige Definition der Erfolgskontrolle bzw. keine Angaben darüber, welche Punkte eine Erfolgskontrolle *mindestens* enthalten sollte. Zu diesem Schluss gelangen auch Lammers und Niebuhr (2002) auf Seite 11:

> [Die Erfolgskontrolle] wird erheblich dadurch erschwert, dass es weder in der wissenschaftlichen Literatur noch in der Verwaltungspraxis einen Konsens über Begriff und Inhalt von Erfolgskontrollen gibt.

In Anbetracht der in Kapitel 1 vorgestellten Komplexität einer Erfolgskontrolle ist diese Feststellung auch nicht weiter erstaunlich. Das im Folgenden vorgestellte Schema versucht, die verschiedenen in der Literatur vorkommenden Ansätze in das Konzept aus Kapitel 1 einzugliedern. Der daraus resultierende Ansatz ist eine Synthese aus mehreren Studien, u.a. aus Frey (1985), Schedler (1995), Schedler und Proeller (2000) sowie Holtzmann (1997). Das Resultat ist ein konsistentes Schema von aufeinander aufbauenden Gliederungspunkten. In einem ersten Schritt wird in Abschnitt 2.2 eine *Zielerreichungskontrolle* durchgeführt. Diese setzt voraus, dass das Zielsystem bzw. die *output*-Seite der kantonalen Wirtschaftsförderung konkret spezifiziert wird, was den Zielvariablen Y_1 bis Y_M in der Abbildung 1.2 auf Seite 16 entspricht. Unter 2.3 folgt anschliessend eine *Ausführungskontrolle*, welche die Instrumente bzw. Mittel der Wirtschaftsförderung analysiert und somit einer *input*-Betrachtung entspricht. Durch diesen Vorgang werden die

Politikvariablen π_0 bis π_J der Abbildung 1.2 angesprochen. In Abschnitt 2.4 werden dann diese beiden Vorarbeiten miteinander verbunden, indem in der *Wirkungsanalyse* die Kausalbeziehung zwischen den eingesetzten Mitteln und den zu erreichenden Ziele untersucht wird. Diese Kausalanalyse wird durch den Pfeil 1 in Abbildung 2 repräsentiert. Die abschliessende *Effizienzkontrolle* behandelt in Abschnitt 2.5 die Frage nach dem Verhältnis zwischen Ertrag und Kosten der kantonalen Wirtschaftsförderung. Wie wir in Abschnitt 1.2 gesehen haben, kann je nach Vereinfachungsgrad nicht mehr zwischen der Wirkungsanalyse und der Effizienzkontrolle unterschieden werden.

Da diese Arbeit methodischer Natur ist, liegen die Schwerpunkte eindeutig auf der Wirkungsanalyse und der Effizienzkontrolle. Bei der konkreten Umsetzung einer empirischen Erfolgskontrolle würde den beiden anderen Punkten, der Zielerreichungs- und der Ausführungskontrolle, selbstverständlich wesentlich mehr Platz eingeräumt werden, weil die Beschaffung und Aufbereitung der nötigen Daten meistens den grössten Aufwand einer empirischen Arbeit darstellen. Obwohl die ersten beiden Punkte methodisch und konzeptionell nicht sehr anspruchsvoll sind und in erster Linie mit Hilfe *deskriptiver* Statistik analysiert werden, sollte ihnen in der praktischen Anwendung dennoch grösste Aufmerksamkeit beigemessen werden, weil trotz aller Raffinesse heutiger *inferenzieller*, ökonometrischer Methoden und Techniken eine empirische Studie höchstens so gut ist, wie die ihr zugrunde liegenden Daten. Da die Erfolgskontrolle der kantonalen Wirtschaftsförderung lediglich *ein* Anwendungsgebiet des vorgestellten Schemas ist, werden die Punkte in einer allgemeinen Art und Weise abgehandelt. Dieses Konzept erhöht die Flexibilität bei der Übertragung des vorgestellten Aufbaus auf Evaluationen in anderen Bereichen der Politikberatung.

2.2 Zielerreichungskontrolle

2.2.1 Was ist eine Zielerreichungskontrolle?

Voraussetzung jeder Erfolgskontrolle ist die Ermittlung bzw. Definition eines Zielsystems, mit dessen Hilfe anschliessend der Erfolg einer Massnahme bzw. eines Massnahmenprogramms[1] gemessen werden kann. Dieses Zielsystem wird im Fall der kantonalen Wirtschaftsförderung in erster Linie durch die kantonale Regierung vorgegeben, eventuell durch den Bund zusätzlich ergänzt oder erweitert und schliesslich von der jeweiligen Wirtschaftsförderungsabteilung übernommen.

Das Zielsystem der kantonalen Wirtschafts*förderung* muss dabei deutlich von demjenigen der kantonalen Wirtschafts*politik* und dieses wiederum von jenem der (nationalen) *Regionalpolitik* getrennt werden, was leider in vielen Studien nicht oder nicht deutlich genug getan wird. Diese Tatsache bedeutet nicht, dass der gesamtschweizerische bzw. der kantonale Kontext völlig ausgeblendet werden soll. Gerade bei der abschliessenden Frage nach der Effizienz der kantonalen Wirtschaftsförderung und der allgemeinen Kritik ist auf die wechselseitige Interdependenz von kantonaler (und somit auch nationaler) Wirtschaftsentwicklung und kantonaler Wirtschaftsförderung zu achten. Auch wenn dieser Punkt bereits im Kapitel 1 herausgearbeitet wurde, erscheint es dennoch sinnvoll, hier nochmals auf diesen Unterschied hinzuweisen. In den Abschnitten Zielerreichungskontrolle, Ausführungskontrolle und Wirkungsanalyse sollen die Zielvorgaben aber nicht weiter hinterfragt und als gegeben vorausgesetzt werden. An diesen Zielen ist in einem ersten Schritt der Erfolg bzw. Misserfolg der kantonalen Wirtschaftsförderung zu messen, unabhängig davon, ob sie aus volkswirtschaftlicher (kantonaler und/oder nationaler) Sicht sinnvoll erscheinen.

1 Die Begriffe *Massnahmen, Programme* und *Instrumente* werden synonym verwendet.

Die Hauptaufgabe der Zielerreichungskontrolle besteht in der eindeutigen Definition bzw. Ermittlung des Zielsystems, der Ableitung entsprechender Zielvariablen $Y_1, \ldots, Y_M$ sowie deren Operationalisierung und Quantifizierung. Wie bereits erwähnt, handelt es sich um rein *deskriptive* Statistik. Bevor eine Evaluation der Zielerreichung durchgeführt werden kann, muss angegeben werden, wie die einzelnen Zielvariablen zu bewerten sind und falls es mehrere Ziele sind, ob und wenn ja, auf welche Weise diese Ziele aggregiert werden sollen. Eine sachliche Aggregation soll auf dieser Stufe der Erfolgskontrolle noch nicht vorgenommen werden, da dies Aufgabe der Effizienzkontrolle ist bzw. sein kann.[2] Dabei sind hauptsächlich zwei Arten der Bewertung und der damit verbundenen Zielerreichungskontrolle zu unterscheiden. Einerseits können Ziele und die entsprechenden Zielvariablen in *quantitativer* Form vorgegeben werden. Beispielsweise kann das Ziel «Förderung der Beschäftigung» durch das Angeben eines wünschbaren Niveaus und einer spezifischen Operationalisierungsvorschrift der entsprechenden Zielvariablen konkretisiert werden. Die Formulierung würde dann z. B. «schaffe 1000 neue Arbeitsplätze» lauten. Der Zielerreichungsgrad kann dann ebenfalls quantitativ durch das Verhältnis zwischen geschaffenen und vorgegebenen Arbeitsplätzen ausgedrückt werden.

Andererseits können Ziele auch *qualitativ* definiert werden. Dies kann nominal (ja, nein) oder ordinal (schlecht, mittel, gut) erfolgen, wobei in der Wirtschaftspolitik die nominalen Definitionen klar dominieren. Das Beschäftigungsziel könnte beispielsweise nominal formuliert werden, indem eine *Erhöhung* der Beschäftigung angestrebt wird. Dieses Ziel wird dann entweder erreicht oder eben auch nicht, d. h. der Zielerreichungsgrad beträgt in diesem Fall entweder 100 % oder 0 %.

2 Wir werden unter Punkt 2.4 sehen, dass im Fall der Erfolgskontrolle der kantonalen Wirtschaftsförderung eine Aggregation der Zielvariablen wenig sinnvoll ist, weil die Wirtschaftsförderung in der gesamtwirtschaftlichen Perspektive nur ein *Mittel* zur Erhöhung der (sozialen) Wohlfahrt darstellt. Eine Aggregation von Mitteln ist aber wenig sinnvoll, da diese nicht direkt sondern indirekt, d. h. über deren verursachten Wirkungen, bewertet werden sollten.

Während die Definition eines Ziels eindeutig sein muss, ist dies für dessen entsprechende Operationalisierung oft nicht möglich. So kann die mit dem Beschäftigungsziel verbundene Zielvariable *Beschäftigung* auf mehrere Arten messbar gemacht werden, beispielsweise mit der Anzahl Stellen, der Anzahl Voll- und Teilzeitangestellten oder mit Vollzeitäquivalenz-Zahlen bzw. Stellenprozenten. Die konkrete Operationalisierung hängt dann letztendlich u. a. von der genauen Fragestellung, dem Geschmack des Analysten und v. a. von den vorhandenen Daten ab. Ein detailliertes Angeben der Vorgehensweise bei der Operationalisierung ist eine notwendige Bedingung, um eine spätere Vergleichbarkeit mit anderen Studien zu garantieren. Dieser Bedingung wird in der wissenschaftlichen Praxis leider oft zu wenig Aufmerksamkeit geschenkt und die Übersicht über den Stand der Dinge unnötig erschwert. Ein Teil der Differenzen in den Ergebnissen verschiedener Studien ist auf unterschiedliche Operationalisierungen derselben Zielgrössen sowie auf die abweichende Datenlage zurückzuführen.

Eines der grössten Probleme bei der Umsetzung einer empirischen Erfolgskontrolle ist die oft vage Formulierung oder das vollständige Fehlen eines klaren Zielsystems, anhand dessen die Tätigkeit der Wirtschaftsförderung gemessen und beurteilt werden kann. In denjenigen Fällen, in welchen ein Zielsystem formuliert wurde, liegen die Zielvorgaben selten in quantitativer, sondern oft in qualitativer – und zumeist in nominaler – Form vor.

Die Zielerreichungskontrolle wurde aus methodischen Gründen im Schema der Erfolgskontrolle vor die Wirkungsanalyse gesetzt im Unterschied zu vielen anderen Studien wie z. B. Frey (1985). Der Grund ist ziemlich einfach: Bei der Wirkungsanalyse wird ein kausaler Zusammenhang zwischen den Instrumenten bzw. dem Input der kantonalen Wirtschaftsförderung und den Zielvariablen bzw. dem Output untersucht. Dazu müssen zuerst beide Grössen, d. h. Input und Output, operationalisiert werden. Die Operationalisierung des Inputs erfolgt in der Ausführungskontrolle in Abschnitt 2.3, diejenige des Outputs in der Zielerreichungskontrolle.

2.2.2 Das Zielsystem der kantonalen Wirtschaftsförderung

Da es sich bei dieser Arbeit um einen methodischen Überblick handelt, wird nicht im Detail auf die Ziele der einzelnen kantonalen Wirtschaftsförderer und der kantonalen Wirtschaftsförderung im Allgemeinen eingegangen. Obwohl dieses Thema noch relativ wenig bearbeitet wurde, sei der interessierte Leser auf die Beiträge von Baldegger (1995), Kleinewefers (1997) und Kleinewefers (2004), Veraguth (2003), Veraguth und Fuster (2003), Fuster (2000) sowie auf die Studie der Konjunkturforschung Basel AG (BAK) (1998), Anhang B, verwiesen. Im Kapitel 3 wird noch ausführlicher auf die Arbeit von Martin, Soguel, Falchini und Cardinaux (2003) eingegangen.

Im Prinzip müssten die Ziele von den jeweiligen kantonalen Parlamenten explizit (z.B. über entsprechende Wirtschaftsförderungsgesetze) oder implizit vorgegeben werden. Deshalb ist es theoretisch möglich, dass jede kantonale Wirtschaftsförderung ein eigenes Zielsystem aufweist, welches mit denjenigen der anderen Wirtschaftsförderungen mehr oder weniger vergleichbar sein kann. Trotz dieser Heterogenität lassen sich mindestens zwei allgemeine Ziele der Wirtschaftsförderung aufzählen (Kleinewefers (2004), S. 20):

1. Verbesserung der Beschäftigung und
2. Förderung der Investitionen.

Da in der vorliegenden Untersuchung auch Vergleiche mit ausländischen Studien herangezogen werden sollen, können weitere Ziele genannt werden, wie z.B. die Förderung von Innovationen oder die Unterstützung bei der Umsetzung von technischem Fortschritt bzw. von technologischen Verbesserungen.

2.2.3 Analyse einer existierenden Studie zur kantonalen Wirtschaftsförderung: Kleinewefers (2004)

Die meisten Studien zur (kantonalen) Wirtschaftsförderung beginnen direkt mit der Analyse der Instrumente, ohne zuvor nach den genauen Zielen zu fragen. Diejenigen Arbeiten, welche einen Versuch einer Bewertung vornehmen, ziehen dann meistens allgemeine Bewertungsindikatoren, wie z.B. das Pro-Kopf-Einkommen, die Beschäftigung oder Ähnliches, zu Hilfe und führen in den meisten Fällen einen Vergleich zwischen den einzelnen Wirtschaftsförderungen durch. Es gibt meines Wissens keine Studie, welche die kantonale Wirtschaftsförderung an Hand ihres spezifischen Zielsystems beurteilt, was mehrere Gründe hat: Erstens verfügen, wie oben bereits angesprochen, die wenigsten Wirtschaftsförderungen über konkrete Zielvorgaben, zweitens verlangen vergleichende Studien natürlich vergleichbare Indikatoren, und drittens wird oft nicht genau zwischen den verschiedenen Ebenen der Wirtschaftspolitik und somit den verschiedenen Erfolgskontrollen unterschieden, d.h. die kantonale Wirtschafts*förderung* wird in vielen Fällen direkt an den Zielen der kantonalen Wirtschafts*politik* gemessen.

Im Folgenden soll deshalb kurz exemplarisch auf die Arbeit von Kleinewefers (2004) eingegangen werden, welche ebenfalls einen vergleichenden Ansatz wählt, aber eine Trennung zwischen kantonaler Wirtschafts*förderung* und *-politik* vornimmt, indem sie das Ziel der Beschäftigungserhöhung mit der Zielvariablen *«durch die kantonale Wirtschaftsförderung erhaltene oder neu geschaffene Arbeitsplätze»* analysiert. Mit der Wahl dieses Bewertungsmasses ist die Vergleichbarkeit zwischen den Kantonen gesichert, da die Beschäftigung, wie erwähnt, ein generelles Ziel *aller* kantonalen Wirtschaftsförderer zu sein scheint. Das in Kleinewefers (2004) auf Seite 11 und 12 aufgeführte und in dieser Arbeit durch die Abbildungen 2.1 und 2.2 auf Seite 36 und 37 wiedergegebene Berichtsschema zielt darauf ab, aus den vorhandenen statistischen Daten die Anzahl der durch die Wirtschaftsförderung erhaltenen und geförderten Arbeitsplätze zu extrahieren. Damit wäre im Prinzip einerseits eine Zielerreichungskontrolle für dieses Ziel möglich und andererseits ein interkantonaler Vergleich realisierbar. Wenn dieses Berichtsschema über einen entsprechend langen Zeitraum durchgeführt würde, könnten aus der Anzahl der *langfristig* geschaffenen bzw. erhaltenen Arbeitsplätzen erste Rückschlüsse auf die *Wirkung* der kantonalen Wirtschaftsförderung gezogen werden, denn langfristig werden aller Wahrscheinlichkeit nach nur effiziente Arbeitsplätze erhalten bleiben (falls diese dem Konkurrenzdruck der Privatwirtschaft ausgesetzt werden). Das von Kleinewefers (2004) vorgeschlagene Schema zielt im Prinzip also lediglich darauf ab, die Variable $Y_1(\pi_0)$ zu *messen* und sagt somit noch nichts über die *kausale Wirkung* der Wirtschaftsförderung aus. Dieses bescheidene Ziel und der durch diese Studie ausgelöste Widerstand seitens der kantonalen Wirtschaftsförderer gegen eine solche systematisierte Messung geben bereits einen ersten Hinweis auf den schlechten Stand der heute erhältlichen Daten und zeigen auf, wie weit entfernt wir von der Realisierung einer empirischen (und methodisch einfach gehaltenen) Erfolgskontrolle sind.

(1) **Anfangsbestand an Arbeitsplätzen im Kanton (Stichtag)***

(2.1) + potentieller Zuwachs mit Aktivitäten der WiFö insgesamt**
davon
- in neu anzusiedelnden Unternehmungen**
- in neu zu gründenden Unternehmungen**
- in Erweiterungen von bestehenden Unternehmungen**

(2.2) – trotz Aktivitäten der WiFö nicht realisierter Zuwachs**
davon
- in nicht realisierten bzw. kleineren Neuansiedlungen**
- in nicht realisierten bzw. kleineren Neugründungen**
- in nicht realisierten bzw. geringeren Erweiterungen**

(2.3) = effektiver Zuwachs *mit* Aktivitäten der WiFö**
davon
- in neu angesiedelten Unternehmungen**
- in neu gegründeten Unternehmungen**
- in Erweiterungen von bestehenden Unternehmungen**

(2.4) + effektiver Zuwachs *ohne* Aktivitäten der WiFö
davon
- in neu angesiedelten Unternehmungen
- in neu gegründeten Unternehmungen
- in Erweiterungen von bestehenden Unternehmungen

Abbildung 2.1: Berichtsschema von Kleinewefers (2004)

Fortsetzung

(2.5) = Zuwachs total***
davon in neu angesiedelten Unternehmungen***
in neu gegründeten Unternehmungen***
in Erweiterungen von bestehenden Unternehmungen***

(2) + **Zuwachs total**

(3.1) – potentielle Abnahme mit Kenntnis der WiFö insgesamt**
davon in drohenden Wegzügen von Unternehmungen**
in drohenden Liquidationen von Unternehmungen**
in drohenden Schrumpfungen von Unternehmungen**

(3.2) + durch Aktivitäten der WiFö verhinderte Abnahme**
davon in verhinderten Wegzügen**
in verhinderten Liquidationen**
in verhinderten bzw. verringerten Schrumpfungen**

(3.3) = effektive Abnahme *trotz* Aktivitäten der WiFö**
davon in Wegzügen von Unternehmungen**
in Liquidationen von Unternehmungen**
in Schrumpfungen von Unternehmungen**

(3.4) – effektive Abnahme *ohne* Kenntnis bzw. Aktivitäten der WiFö
davon in Wegzügen von Unternehmungen
in Liquidationen von Unternehmungen
in Schrumpfungen von Unternehmungen

(3.5) = Abnahme total***
davon in Wegzügen von Unternehmungen***
in Liquidationen von Unternehmungen***
in Schrumpfungen von Unternehmungen***

(3) – **Abnahme total**

(4) = **Endbestand an Arbeitsplätzen im Kanton (Stichtag)***

Anmerkungen: * Daten aus der amtlichen Statistik
** Von der Wirtschaftsförderung zu erhebende Daten
*** Daten aus den Grundlagen der amtlichen Statistik

Quelle: Kleinewefers (2004), S. 11–12.

Abbildung 2.2: Fortsetzung des Berichtsschemas von Kleinewefers (2004)

2.3 Ausführungskontrolle

2.3.1 Was ist eine Ausführungskontrolle?

Die Ausführungskontrolle setzt sich mit der *Input*-Seite der kantonalen Wirtschaftsförderung auseinander, also mit den Politikvariablen $\pi_0, \ldots, \pi_J$ (siehe Abbildung 1.2 auf Seite 16). Manche Autoren, wie z.B. Lammers und Niebuhr (2002) und Frey (1985), bezeichnen diesen Punkt der Erfolgskontrolle auch als *Vollzugskontrolle*.

Der Hauptzweck einer Ausführungskontrolle besteht in der Ermittlung der durch die Wirtschaftsförderung unterstützten Unternehmen, Branchen usw. sowie der dabei eingesetzten Mittel. Es handelt sich hierbei um die Benennung sowohl von qualitativen – regulatorischen und nicht-budgetwirksamen Instrumenten wie z.B. Informationsdienstleistungen – als auch von quantitativen Massnahmen – budgetwirksamen Instrumenten wie z.B. die Höhe des Kreditvolumens und die Aufteilung der Kredite auf die einzelnen Unternehmen. Ziel ist eine möglichst disaggregierte Darstellung der eingesetzten Instrumente, welche anschliessend als Grundlage für die weiteren Schritte der Erfolgskontrolle dienen kann. Für die spätere mikroökonometrische Kausalanalyse ist wichtig, dass die Charakteristika der geförderten Unternehmungen möglichst umfassend erhoben und dass die Kriterien für die Mittelsprechungen genau erfasst werden. Durch dieses Vorgehen kann das Problem der Selektions-Verzerrung bei nicht zufälligen Stichproben *(non random samples)* ökonometrisch korrigiert oder zumindest abgeschwächt werden.

Bei der Ausführungskontrolle ist es wichtig, die *tatsächlich* eingesetzten Mittel zu bestimmen, welche von den bewilligten und beabsichtigten Fördermitteln zu unterscheiden sind. Wie Kleinewefers (2004) auf Seite 2 bemerkt, basieren die statistischen Angaben der kantonalen Wirtschaftsförderer über Förderfälle zumeist auf Projektzahlen. Ob und zu welchem Grad diese Projekte dann auch wirklich ausgeführt werden, ist nicht bekannt.[3] Zudem sollte überprüft werden, ob die verwendeten Instrumente bei den geförderten Unternehmen auch tatsächlich so eingesetzt bzw. so verwendet wurden, wie sich die Wirtschaftsförderung das vorgestellt hat. Dieser Punkt verhindert, dass bei der Kausalanalyse Programmeffekte ermittelt werden, welche nicht diesen entsprechenden Programmen zuzuordnen sind. In dieselbe Richtung zielt auch die Unterscheidung zwischen theoretischer und tatsächlicher Inzidenz der eingesetzten Fördermittel. So kann z.B. die beabsichtigte Inzidenz einer Steuererleichterung von der tatsächlich eingetretenen Inzidenz erheblich abweichen.[4] Wir werden später sehen, dass in einem berechenbaren allgemeinen Gleichgewichtsmodell die Frage der Steuerinzidenz zufriedenstellend beantwortet werden kann, da die Einkommens- und Substitutionseffekte durch den gewählten Totalansatz modellierbar sind. Mit Hilfe dieser Modelle wird auch klar, dass sich verschiedene Arten von Steuern ganz unterschiedlich auf die Wirtschaft auswirken können.

Bei der Ausführungskontrolle dreht es sich also um die Operationalisierung und Messung der entsprechenden Input-Variablen von wirtschaftspolitischen Massnahmen. Das Bewertungsproblem entfällt, da es sich um die Analyse von Instrumenten handelt. Es macht wenig Sinn, die eingesetzten Mittel *direkt* zu bewerten. Eine Bewertung erfolgt anschliessend in der Wirkungsanalyse und der Effizienzkontrolle. Unter diesen beiden Punkten wird dann untersucht, ob die eingesetzten Mittel zur Zielerreichung beigetragen haben und wenn ja, welcher volkswirtschaftliche Nutzen und welche Kosten dadurch verursacht wurden. Auf diese Zusammenhänge sind wir bereits im vorhergehenden Abschnitt eingegangen, weshalb sie an dieser Stelle nicht weiter diskutiert werden.

3 In der deutschen Regionalstatistik werden deshalb seit 1994 zwei amtliche Statistiken geführt: Die *Soll*-Statistik fasst die beabsichtigten und bewilligten Förderfälle zusammen, die *Ist*-Statistik bezieht sich auf das Fördergeschehen gemäss den Verwendungsnachweiskontrollen. Siehe dazu Lammers und Niebuhr (2002), S. 21.

4 Zur Theorie der Steuerinzidenz siehe u.a. Blankart (1998).

Die Ausführungskontrolle stellt wie erwähnt neben der Zielerreichungskontrolle die zweite notwendige Bedingung einer Wirkungsanalyse und einer Effizienzkontrolle dar. Dieselben Bemerkungen lassen sich daher auch für die Ausführungskontrolle anbringen: Die Qualität der späteren Wirkungsanalyse und der Erfolgskontrolle hängt direkt von der Qualität der in der Ausführungskontrolle erhobenen Daten ab. Bei der konkreten Umsetzung einer empirischen Erfolgskontrolle sollte deshalb grosses Gewicht auf die Ausführungskontrolle gelegt werden. In Anbetracht der Tatsache, dass diese Arbeit methodischer Natur ist, nimmt die Ausführungskontrolle in der vorliegenden Arbeit wenig Platz in Anspruch. Deren Bedeutung soll dadurch aber in keinster Weise geschmälert werden.

Die Ausführungskontrolle ist nicht nur eine notwendige Voraussetzung einer Erfolgskontrolle, sondern enthält auch bereits einige interessante Informationen. So lässt sich erkennen, welche ökonomischen Einheiten (Unternehmungen, Branchen, ...) auf welche Weise von den einzelnen Instrumenten profitieren. Aus diesen Daten können aus polit-ökonomischer Sicht erste Rückschlüsse auf deren Gewicht im politischen Prozess gezogen werden. Zudem lässt sich ermitteln, inwiefern die Mittel auch tatsächlich den gewünschten Zielsubjekten zugeteilt wurden. Aus der finanzwissenschaftlichen Literatur ist hinreichend bekannt, dass die zu fördernden Subjekte oft nicht mit den tatsächlich Geförderten übereinstimmen.[5] Diese Tatsache ist im Falle der kantona-

5 Vgl. dazu z. B. Tanzi und Schuknecht (2000). Eine zentrale Erkenntnis von Tanzi und Schuknecht (2000, S. 112ff.) lautet, dass gewisse Instrumente nicht die ihnen zugedachten Ziele ansprechen. Das Instrument der Einkommensumverteilung dient beispielsweise dem Ziel, einen Teil des Einkommens der reichen an arme Individuen zu verteilen. Es zeigt sich jedoch, dass die effektiv stattfindende Umverteilung in vielen Wohlfahrtsstaaten in Wahrheit innerhalb des Mittelstandes stattfindet. Im Falle der kantonalen Wirtschaftsförderung ist deshalb nicht auszuschliessen, dass beispielsweise Mittel, die für die Förderung von neuen Firmen *(start-ups)* verwendet werden sollten, letztendlich (auch) bestehenden, erfolgreichen Unternehmen zugesprochen werden. Zudem ist es möglich, dass grosse Unternehmungen ihre Interessen im

len Wirtschaftsförderung v. a. dann von Interesse, wenn die Wirtschaftsförderung als ausführendes Organ des Bundes in Erscheinung tritt, so zum Beispiel bei der Verteilung von Bundesmitteln an die geförderten Subjekte.

2.3.2 Analyse existierender Studien zur kantonalen Wirtschaftsförderung

In diesem Abschnitt soll kurz auf zwei Arbeiten eingegangen werden, die sich u.a. mit der Input-Seite der kantonalen Wirtschaftsförderung auseinander setzen. Weitere Studien zum Thema Instrumenteneinsatz der kantonalen Wirtschaftsförderungen sind Baldegger (1995) und Fuster (2000). Burkhard (2004) bietet einen kurzen Überblick über die Tätigkeiten der kantonalen Wirtschaftsförderer.[6]

Veraguth (2003) und Veraguth und Fuster (2003) untersuchen die Ausgabenposten der kantonalen Wirtschaftsförderungen und versuchen,

---

politischen Prozess und bei der Wirtschaftsförderung besser durchsetzen können als die vielen kleinen und mittleren Unternehmen (KMU). Auf diesen Sachverhalt wird in Abschnitt 2.5.5 unter Punkt 5 noch genauer eingegangen. Weiter bestehen aus Sicht des kantonalen Wirtschaftsförderers Anreize, die im Markt bereits erfolgreichen Unternehmen zu fördern, da das Risiko eines Misserfolges der investierten Fördermittel in solchen Unternehmungen deutlich kleiner ist. Dieses Verhalten verursacht dann sogenannte *Mitnahmeeffekte*, welche dadurch entstehen, dass die Projekte auch ohne Hilfe der Wirtschaftsförderung umgesetzt worden wären und somit die Fördermittel den Unternehmen überflüssigerweise ausbezahlt resp. von ihnen *mitgenommen* wurden. Die mikroökonometrische Wirkungsanalyse wird in Abschnitt 2.4 Methoden aufzeigen, welche es erlauben, diese Mitnahmeeffekte vom kausalen Effekt der Wirtschaftsförderung auf die Zielvariable(n) zu trennen.

Auch wenn die Förderung von bereits erfolgreichen Unternehmen aus volkswirtschaftlicher Sicht sogar effizienter sein kann (bzw. weniger schädlich), so wird das Ziel der Förderung von jungen Unternehmen dennoch verfehlt.

6 Diese Arbeit ist am Seminar für Wirtschafts- und Sozialpolitik der Universität Freiburg i. Ü. erhältlich.

die Ergebnisse in einem Wirtschaftsförderungsindex zusammenzufassen. Auf die einzelnen Ergebnisse dieser Studien soll in dieser Arbeit nicht näher eingegangen werden. Eine interessante Erkenntnis ist jedoch, dass die Strategien, d. h. die Kombination von Instrumenten, von Kanton zu Kanton stark variieren. Dieses erstaunliche Resultat kann einerseits durch den in der Schweiz besonders ausgeprägten Föderalismus und die daraus resultierende grosse Autonomie der Kantone erklärt werden. Andererseits versuchen die kantonalen Wirtschaftsförderer, ihre Instrumente auf die mehr oder weniger exogen gegebenen Umstände in ihrem Kanton anzupassen. So unterscheidet sich zum Beispiel die Wahl der Instrumente eines Bergkantons wie des Kantons Wallis deutlich vom eingesetzten Instrumenten-Mix eines urbanen Kantons wie des Kantons Zürich. Eine dritte und entscheidende Erklärung für die Diversität des Mitteleinsatzes ist in der fehlenden Evaluation der kantonalen Wirtschaftsförderungen zu suchen. Dieses Fehlen verhindert den in Kapitel 1 angesprochenen und in Abbildung 1.1 auf Seite 12 dargestellten Lernprozess, wodurch ein wichtiger Vorteil einer föderalen Ordnung wegfällt. Der Wettbewerb zwischen den kantonalen Wirtschaftsförderern ist deshalb kein Entdeckungsverfahren à la Hayek (1969) mehr, weil die erfolgreichen nicht von den weniger erfolgreichen Instrumenten unterschieden werden können.

Die Heterogenität der eingesetzten Instrumentenkombinationen ist mit ein Grund, wieso von einer *reinen* makroökonometrischen Querschnitts- oder Panelanalyse über alle 26 Kantone abzuraten ist. Eine solche Analyse würde den Effekt einer *durchschnittlichen* Wirtschaftsförderung auf einen durchschnittlichen Kanton untersuchen, was auf Grund der angesprochenen Heterogenität der Wirtschaftsförderungen und der kantonalen Volkswirtschaften wenig informativ wäre. Auf diesen Punkt wird in Abschnitt 2.4 im Zusammenhang mit den makroökonometrischen Schätzverfahren noch kurz eingegangen.

2.4 Wirkungsanalyse

2.4.1 Was ist eine Wirkungsanalyse?

Während sich die Zielerreichungskontrolle (Abschnitt 2.2) mit der *Output*-Seite und die Ausführungskontrolle (Abschnitt 2.3) mit der *Input*-Seite der kantonalen Wirtschaftsförderung auseinandersetzen, beschäftigt sich die Wirkungsanalyse mit dem *kausalen Zusammenhang* zwischen den eingesetzten Mitteln und den Erfolgsvariablen. Die Wirkungsanalyse prüft also die Effektivität, jedoch nicht die Effizienz der kantonalen Wirtschaftsförderung. In der Abbildung 1.2 auf Seite 16 untersucht die Zielerreichungskontrolle die Variablen $Y_1, \ldots, Y_M$ sowie $N_1, \ldots, N_K$ und setzt sich auch mit der individuellen Nutzen- und gesellschaftlichen Wohlfahrtsanalyse auseinander, d. h. mit den Zielfunktionen $U_1, \ldots, U_n$ und W bzw. U_R. Die Ausführungskontrolle behandelt die Politikvariablen $\pi_0, \ldots, \pi_J$. In der Wirkungsanalyse geht es also um den kausalen Zusammenhang zwischen diesen Politikvariablen π_j und den Wirkungsvariablen Y_m und N_k, welcher in der Abbildung 1.2 durch den Pfeil 1 dargestellt wird. Wie wir sehen werden, sind die in der Literatur verwendeten Modelle und Methoden der Kausalanalyse fast ausschliesslich partialanalytischer Natur. Schon im Kapitel 1 und insbesondere in Abschnitt 2.5.5 wird deutlich, dass im Falle der kantonalen Wirtschaftsförderung eine partialanalytische Analyse zu kurz greift und statt dessen ein totalanalytischer Rahmen verwendet werden müsste, um auch den indirekten Wirkungen Rechnung zu tragen. Da die Literatur dieser Erkenntnis keine oder viel zu wenig Beachtung schenkt, werden analog dazu in dieser Arbeit unter dem Begriff der Wirkungsanalyse ebenfalls nur partialanalytische Methoden analysiert, obwohl im Prinzip eine korrekte Wirkungsanalyse totalanalytisch sein müsste.[7]

7 Die partialanalytische Wirkungsanalyse wird unter Abschnitt 2.5.2 weiter relativiert. Dieser Abschnitt geht anschliessend noch genauer auf die Dienlichkeit des Abschnitts 2.4 ein.

Da die Literatur zum Thema Evaluation von Wirtschaftsförderungsprogrammen wie erwähnt hauptsächlich partialanalytischer Natur ist, wird diesem Abschnitt in der vorliegenden Arbeit auch dementsprechend grosses Gewicht beigemessen. Die dabei z. T. recht detaillierte Analyse der in der Literatur verwendeten Methoden sowie deren Einordnung in ein konsistentes Schema ermöglichen abschliessend einen kritischen Überblick über diese Literatur. Um den Leser durch die formale Vorgehensweise der Analyse nicht zu sehr abzuschrecken, wird versucht, die (groben) Zusammenhänge auch intuitiv verständlich zu vermitteln. Der technisch weniger geübte Leser kann die Formeln überspringen und sich direkt der verbalen Erklärung widmen, ohne befürchten zu müssen, einen grossen Teil des Stoffes ausgelassen zu haben.

2.4.2 Ein ökonometrisches Modell der Kausalität

Die Frage nach der Kausalität zwischen verschiedenen Grössen ist ein zentrales Problem in den Wissenschaften und wird schon seit der Antike intensiv diskutiert. Zuerst waren es die Philosophen, welche sich dieser Frage annahmen, wobei aus jüngerer Zeit v. a. David Hume und John Stuart Mill zu erwähnen sind. Im 20. Jahrhundert wurde die Frage mit dem Aufkommen der (axiomatischen) mathematischen Statistik erneut relevant. Die zentrale Erkenntnis dabei ist, dass eine simple Korrelation zwischen zwei Grössen keine Kausalität impliziert. Die folgenden Ausführungen basieren auf einem Kausalitätsbegriff, der sich in der Evaluationsliteratur durchgesetzt zu haben scheint. Dieser Begriff oder viel eher dieses Modell der Kausalität geht u.a. auf Fisher (1935), Neyman, Iwaszkiewicz und Kolodziejczyk (1935), Rubin (1974) sowie Holland und Rubin (1983) zurück. Es wird hier nicht behauptet, dass dieser Ansatz der einzig mögliche ist, aber er ist derjenige, auf den sich der Grossteil der (mikroökonometrischen) Evaluationsliteratur bezieht. Es erscheint deshalb sinnvoll, dieses fundamentale Modell möglichst klar und ausführlich darzustellen, um daraus die verschiedenen Methoden der (mikro-)ökonometrischen Kausalanalyse abzuleiten. Soweit wie möglich und sinnvoll wird die in der Evaluationsliteratur gängige Notation verwendet.

Das Rubin-Modell der Kausalität

Das Kausalitätsmodell von Rubin (1974) ist ein simples statistisches Modell, welches zwei Variablen ins Verhältnis zueinander setzt. Es beginnt mit der Definition des Kausalitätsbegriffs und besteht zunächst aus drei Arten von Variablen:

1. der Messung[8] *Y*,
2. dem Attribut *X*, sowie
3. der Ursache *D*.

Es handelt sich dabei um ein Populationsmodell im weiteren Sinn.[9] Mit *U* wird die Grundgesamtheit[10] der Beobachtungen $i \in U$ angegeben, wobei *i* z. B. ein Individuum, ein Haushalt oder ein Unternehmen repräsentieren kann. Eine Variable ist eine auf der Population *U* defi-

8 Die Begriffe *Messung, Ergebnis, Wirkung, Resultat* und *Erfolg* werden dabei synonym verwendet.

9 Die Wahrscheinlichkeiten und Verteilungsfunktionen werden in Bezug auf die Grundgesamtheit *U* definiert. Die Erwartungswerte stellen somit lediglich Populationsmittelwerte dar. Wahrscheinlichkeiten sind als *Frequenzen* definiert, d. h. als Anteilswerte in Bezug auf die Population. Die Abbildungsvorschrift $\#(\cdot)$ entspricht der sogenannten Kardinalzahl einer Menge, d. h. sie gibt die Anzahl Elemente der abzubildenden Menge an. Vollständige Information über den Zusammenhang zwischen zwei Variablen *X* und *Y* erhält man, wenn ihre gemeinsame Verteilungsfunktion $F(X, Y)$ bekannt ist. So ist z. B.

$$F(X = x, Y = y) := Pr(X = x, Y = y) = \frac{\#(\{i \in U \mid X(i) = x, Y(i) = y\})}{\#(U)}$$

der Anteil der Individuen *i* in *U*, für welche $X = x$ und $Y = y$ gilt. Bedingte Wahrscheinlichkeiten, Verteilungen und Erwartungswerte ergeben sich durch Anwendung auf *Teil*populationen.

10 Die Begriffe *Population* und *Universum* werden synonym verwendet.

nierte (meist reellwertige) Funktion, welche jedem Individuum i einen eindeutigen Funktionswert zuordnet.

Mit Π bezeichnen wir die Menge der möglichen Ursachen $D \in \Pi$, welche abzählbar (z.B. $R + 1$ verschiedene Programme: $\Pi = \{0, 1, \ldots, R\}$) oder überabzählbar (z.B. die Höhe der erhaltenen Subventionen in Franken: $\Pi = \mathbb{R}_{\geq 0}$) sein kann. Die Ursachenvariable, welche einer Indikatorfunktion oder Selektionsvariable

$$\begin{aligned} D:\ & U \rightarrow \Pi, \\ & i \mapsto D(i) =: D_i \end{aligned} \tag{2.1}$$

entspricht, ordnet jedem Individuum $i \in U$ eine eindeutig definierte Ursache D_i zu. Zur Vereinfachung wird im Weiteren angenommen, dass $\Pi = \{0, 1\}$ ist mit den beiden Zuständen bzw. Ursachen *Programmteilnahme* ($D = 1$) und *Nichtteilnahme* ($D = 0$). $D_i = 1$ bedeutet somit in unserem Fall, dass das Individuum i am Programm *direkt* teilnimmt.[11]

Wenn $\mathcal{A}$ die Menge aller möglichen Attribute darstellt, dann ist das Attribut X eine Indikatorvariable

$$\begin{aligned} X:\ & U \rightarrow \mathcal{A}, \\ & i \mapsto X(i) =: X_i, \end{aligned} \tag{2.2}$$

welche jedem Individuum $i \in U$ sein(e) Attribut(e) $X_i \in \mathcal{A}$ zuordnet.

Wenn $t \in \mathbb{R}$ die Zeit darstellt, dann ist das Ergebnis (outcome) Y eine reellwertige Funktion

$$\begin{aligned} Y:\ & U \times \mathbb{R} \times \Pi \times \mathcal{A} \rightarrow \mathbb{R}, \\ & (i, t, D_i, X_i) \mapsto Y(i, t, D_i, X_i) =: Y_{it}^{D_i} \mid X_i. \end{aligned} \tag{2.3}$$

11 Der Begriff *direkt* wird hier hervorgehoben, weil bei einem Auftreten von indirekten Effekten auch Individuen vom Programm betroffen sind bzw. sein können, welche nicht am Programm teilgenommen haben. Auf diesen Punkt wird weiter unten im Zusammenhang mit der SUTVA, der Stable Unit Treatment Value Assumption, noch näher eingegangen.

Das Symbol $Y_{it}^{D_i} \mid X_i$ bezeichnet also das Ergebnis des Individuums i zum Zeitpunkt t, welches der Ursache D_i ausgesetzt wurde, bedingt auf dessen individuelle Charakteristik X_i. Ein konkretes Beispiel aus der Wirtschaftsförderung: Wenn mit Y die Erfolgsgrösse «Arbeitsplätze» und mit D die Ursache «erhielt Subventionen» ($D = 1$) oder «erhielt keine Subventionen» ($D = 0$) bezeichnet werden, und die Charakteristikvariable wie folgt definiert wird

$$X = (\text{Umsatz, Branchenindikator, Verschuldungsgrad}),$$

dann bedeutet

$$Y_{i,2005}^{1} \mid (5\text{Mio.}, 2, 20\,\%) = 124,$$

dass das Unternehmen i, welches einen Jahresumsatz von 5 Mio. erzielt hat, aus der Branche 2 stammt, einen Verschuldungsgrad von 20 % aufweist und von der Wirtschaftsförderung Subventionen erhalten hat, im Jahr 2005 124 Vollzeitbeschäftigte ausgewiesen hat.

Der Begriff der Kausalität

Das erste zentrale Konzept des Kausalitätsmodells ist die Erkenntnis, dass jede Ursache $D \in \Pi$ – dargestellt durch die von ihr verursachte Wirkung $Y(D)$ – *relativ* zu einer anderen Ursache $D' \in \Pi$ definiert wird – wiederum ausgedrückt in ihrer Wirkung $Y(D')$. Die Wirkungsvariable Y dient also dazu, den kausalen Effekt zu *messen*. Der Transmissionsvorgang der Ursache-Wirkungs-Beziehung wird dabei als Blackbox behandelt. Es interessiert also weniger das *Warum* oder das *Wie*, als vielmehr das *Wieviel*. Dabei kommt der zeitlichen Dimension in der Kausalanalyse im Unterschied zur reinen Korrelationsanalyse eine entscheidende Bedeutung zu: Die Ursache geht der Wirkung zeitlich voraus. In der Korrelationsanalyse ist diese Erkenntnis von untergeordneter Bedeutung und die Zeit spielt nur insofern eine Rolle, als sie die Grundgesamtheit der (möglichen) Beobachtungen spezifiziert.

Das zweite grundlegende Konzept des Rubin-Modells ist der Begriff des *potentiellen Ergebnisses (potential outcome).* Dieses bildet die Grundlage der kontrafaktischen und somit kausalen Argumentation. Bevor wir jedoch diesen Begriff erläutern, müssen wir den Unterschied zwischen dem Begriff des Attributs und demjenigen der (kausalen) Ursache ausführen. Man nennt ein Ereignis D eine (mögliche) Ursache, wenn sie *jedes* Individuum $i \in U$ potentiell in diesen Zustand D versetzen kann bzw. könnte. Ist dies unmöglich, so nennt man das Ereignis Attribut. Beispielsweise kann das Ausbildungsniveau ein kausales Ereignis sein, definiert auf einer Population von Personen, da jeder Person *theoretisch* jedes Ausbildungsniveau zugeordnet werden kann. Die Rasse hingegen kann nicht kausal sein, da sie von einem möglichen Experimentator nicht verändert werden kann, ohne gleichzeitig das Individuum als solches zu verändern.[12] Veränderte sich also das Attribut eines Individuums, änderte sich das ganze Individuum. Wechselt jedoch die Ursache, so verändert sich lediglich der Zustand, in dem sich dieses Individuum befindet. Der Zusammenhang zwischen dem Attribut X und dem Ergebnis Y ist also eher korrelationstechnischer Natur, während das Verhältnis zwischen der Ursache D und dem Ergebnis Y kausalanalytisch betrachtet wird. Beide Ereignisse, sowohl die Ursache als auch das Attribut, können jedoch auf das Ergebnis Y einwirken, d.h. sie sind beide Argument der Variablen Y. Es ist möglich, ein Individuum durch unterschiedliche Ursachen in verschiedene Zustände zu versetzen, jedoch nicht durch ein Attribut, welches zustandsinvariant ist.[13]

12 Man sieht, dass sich hier bereits ontologische Fragen stellen: Was ist ein Individuum und wann ist es nicht mehr? Wir wollen uns nicht in dieses Gebiet der Philosophie vorwagen und erlauben uns deshalb eine Zirkeldefinition: Das Individuum i wird definiert durch das Angeben all seiner *für die Messung von Y relevanten* Attribute X_i. In der Praxis (und insbesondere in den Sozialwissenschaften) besteht die Schwierigkeit in der Unterscheidung, was Attribut und was Ursache ist bzw. sein kann.

13 Die Begriffe Ursache und Attribut sind also eng mit den Begriffen modell-*endogen* und *-exogen* verbunden.

Wie wir später sehen werden, ist die invariante Information über ein Individuum, enthalten in seinen Attributen, insofern wichtig für die Kausalanalyse, weil für deren Einfluss auf das Ergebnis Y kontrolliert[14] werden muss.

Der *kausale Effekt* wird nun mit Hilfe des Begriffs des potentiellen Resultats Y definiert als:

$$(Y_{it}^1 - Y_{it}^0) \mid X_i. \tag{2.4}$$

Verbal ausgedrückt bedeutet dies, dass der kausale Effekt der Ursache $D_i = 1$ auf Individuum i relativ zur Ursache $D_i = 0$ einfach der Differenz zwischen den beiden erzielten Resultaten entspricht, gemessen anhand von Y im Zeitpunkt t und gegeben X_i. Das *fundamentale Problem der kausalen Inferenz* (Holland (1986)) liegt in der Erkenntnis, dass es unmöglich ist, *gleichzeitig* beide Grössen für *dasselbe* Individuum zu beobachten. Es ist sofort ersichtlich, dass diese Definition des kausalen Effektes nur Sinn macht, wenn die Ursache bereits zeitlich stattgefunden hat. Bezeichnen wir diesen Zeitpunkt mit p, dann ist der kausale Effekt für alle $t > p$ nicht trivial. Für das nicht beobachtbare, kontrafaktische Ereignis muss eine Lösung gefunden werden, die es erlaubt, diese Grösse zu bestimmen. Das Bestimmen solcher kontrafaktischer Ereignisse ist die zentrale Aufgabe der (ökonometrischen) Kausalanalyse. Es handelt sich also um eine sehr allgemeine Form von fehlenden Daten *(missing variable Problem im weiteren Sinn).* Die verschiedenen Methoden, welche darauf abzielen, dieses kontrafaktische Ereignis zu schätzen, hängen einerseits von den gemachten Annahmen und andererseits von den zur Verfügung stehenden Daten ab. Sowohl die Daten als auch die zu treffenden Annahmen werden beide dazu verwendet, diese fehlenden (kontrafaktischen) Daten zu ersetzen.

14 In der Ökonometrie spricht man von «kontrollieren», wenn man versucht, den Effekt einer Variablen von den Effekten anderer Variablen auf dieselbe Zielgrösse zu trennen.

2.4.3 Die mikroökonometrische Evaluation

Dieser Abschnitt basiert hauptsächlich auf der Arbeit von Heckman, LaLonde und Smith (1999). Je nach Ziel der Evaluation gibt es verschiedene Parameter (bzw. kontrafaktische Fragestellungen), welche von Interesse sein können. Im Folgenden werden wir die zwei Parameter analysieren, welche in der Literatur bei weitem die grösste Beachtung erhalten:

1. den Effekt der Ursache $D = 1$ auf die *gesamte* Population, den sogenannten *treatment effect TE:*
   $TE_i := Y_i^1 - Y_i^0$
2. den Effekt der Ursache $D = 1$ auf die *Teil*population der direkt Betroffenen – d.h. auf die Menge $\{i \in U \mid D_i = 1\}$ – den sogenannten *effect of treatment on the treated TT:*
   $TT_i := (Y_i^1 - Y_i^0) \mid D_i = 1.$

Zudem beschränkt sich der Grossteil der Literatur auf die Analyse des Erwartungswerts der Effekte und vernachlässigt damit die höheren Momente der (gemeinsamen) Wahrscheinlichkeitsverteilung wie z.B. die Streuung.

Weiter wird angenommen, dass zu jedem Zeitpunkt in jedem Zustand, hervorgerufen durch die Ursache $D \in \Pi$, mindestens ein Individuum existiert.[15] Diese Annahme ermöglicht die Schätzung der kontrafaktischen Ergebnisse. Selbstverständlich kann sich dieselbe Einheit i nicht gleichzeitig in mehreren Zuständen befinden, da diese Zustände zu einem gegebenen Zeitpunkt disjunkt sind.

Eine entscheidende Annahme, die in den meisten mikroökonometrischen Evaluationen getroffen wird, ist die sogenannte *Stable-Unit-Treatment-Value Assumption* (SUTVA). Diese Annahme besagt, dass für alle Individuen der Zustand ohne Programmteilnahme ($D = 0$) demje-

15 Dies ist eine Form der sogenannten *Common Support Assumption*, welche weiter unten ausführlicher diskutiert wird.

nigen Zustand entspricht (oder diesen zumindest ausreichend approximiert), in welchem kein Programm existiert. Diese zunächst harmlos erscheinende Annahme setzt voraus, dass nur *direkte* Programm-Effekte existieren und *indirekte Effekte* wie spillovers, Markt- bzw. relative Preiseffekte, Informationseffekte usw. nicht auftreten oder vernachlässigbar sind. Die SUTVA, welche in den meisten Studien oft *implizit* getroffen oder (wenn überhaupt) nur am Rande erwähnt wird, definiert somit den *partialanalytischen Modellrahmen* der mikroökonometrichen Evaluationsmethoden. Wir werden im Abschnitt 2.5 noch ausführlicher auf die Konsequenzen dieser Annahme zu sprechen kommen.

Die letzte Annahme betrifft die Attribute X_i. Im Unterschied zum Modell von Rubin werden die Attribute nicht als vollkommen exogen im statistischen Sinn betrachtet. Eine für die Kausalanalyse (genauer: für die Analyse des TT-Effekts) aber notwendige, wenn auch schwächere Annahme ist, dass X_i unabhängig von D_i ist, d.h. die kausale Ursache D_i darf keinen Erklärungsgehalt für die Attribute enthalten. Formal bedeutet dies, dass

$$f(X_i \mid D_i, Y_i) = f(X_i \mid Y_i) \ \forall \ i \in U \tag{2.5}$$

gelten muss, wobei f die (bedingte) Dichtefunktion von X und Y_i der Vektor bestehend aus allen potentiellen Ergebnissen des Individuums i ist. Der umgekehrte Fall, dass die Selektionsvariable D_i statistisch von den Attributen X_i abhängt, wird hingegen nicht ausgeschlossen.[16] Aus theoretischer Sicht ist dies keine restriktive Annahme, erfordert jedoch die richtige Spezifizierung des Modells, was bei der praktischen Umsetzung sehr wohl zu (sogar erheblichen) Problemen führen kann.

16 Mann kann in dieser abgeschwächten Form die Idee wieder erkennen, die hinter der Begriffsdefinition des Attributs durch Rubin und Holland steht. Ein Attribut darf durch eine Ursache nicht verändert werden. Ist dies nicht der Fall, so handelt es sich nicht um ein Attribut, sondern um einen Teil der kausalen Wirkungskette. Dadurch würde der kausale Effekt (*TE* oder *TT*) nicht vollständig auf die Ursache zurückgeführt werden.

Wenn wir weiter annehmen, dass die ersten Momente der Verteilungsfunktionen existieren, so lassen sich die Erwartungswerte der beiden obigen Parameter – des TE- und des TT-Parameters – schreiben als:

1. *Average Treatment Effect:*

$$\begin{aligned} ATE &:= E(Y_{it}^1 - Y_{it}^0 \mid X_{it}) \\ &= E(Y_{it}^1 \mid X_{it}) - E(Y_{it}^0 \mid X_{it}) \end{aligned}$$

2. *Average effect of Treatment on the Treated:*

$$\begin{aligned} ATT &:= E(Y_{it}^1 - Y_{it}^0 \mid X_{it}, D_{it} = 1) \\ &= E(Y_{it}^1 \mid X_{it}, D_{it} = 1) - E(Y_{it}^0 \mid X_{it}, D_{it} = 1). \end{aligned}$$

Man beachte, dass der letzte Term der zweiten Gleichung nicht beobachtbar ist: das erwartete Resultat, das die Programmteilnehmer erzielt hätten, wenn sie nicht am Programm teilgenommen hätten (bzw. wenn sie nicht der Ursache $D = 1$ ausgesetzt worden wären). Interessanterweise dominiert der ATT-Parameter die Evaluationsliteratur, obwohl der ATE-Parameter die allgemeinere Frage zu beantworten scheint. Auf diesen Punkt werden wir in Abschnitt 2.5 noch näher eingehen.

In nicht-experimentellen Evaluationen, d.h. in Studien, in welchen die Daten nicht mittels «Zufallsziehung» erhoben worden sind, wird versucht, die fehlende Information über das kontrafaktische Ergebnis $Y_i^0 \mid (D_i = 1)$ der Programmteilnehmer aus der sogenannten Kontrollgruppe,[17] bestehend aus den Nichtteilnehmern $\{i \in U \mid D_i = 0\}$, zu gewinnen. Man beachte, dass hier der Zeitindex t bewusst weggelassen wurde, denn es gibt zwei mögliche Quellen der Varianz zwischen den beiden Zuständen $D = 1$ und $D = 0$: erstens Varianz in der Population zu einem bestimmten Zeitpunkt *(cross-section)* und zweitens Varianz über die Zeit bei demselben Individuum *(time series)*. Eine Kombination dieser beiden Formen der Varianz sind die sogenannten Panels, in denen eine

17 Die Terminologie stammt grösstenteils aus der experimentellen Medizin, wo diese Methoden zuerst Anwendung fanden.

Stichprobe von Einheiten $i \in U$ (Individuen, Haushalte, Unternehmungen etc.) über mehrere Perioden beobachtet wird. Aus diesen beiden Quellen von Heterogenität, dem Querschnitt und dem Längsschnitt (oder einer Kombination), wird versucht, die fehlenden Daten mit Hilfe entsprechender Annahmen aus der in den Beobachtungen enthaltenen Information zu schätzen.

Auf Grund der Unmöglichkeit, ein Individuum gleichzeitig in zwei verschiedenen Zuständen zu beobachten, geht man von den individuellen Parametern TE_i und TT_i zu den (durchschnittlichen) Parametern der Grundgesamtheit über, indem man z.B. den Erwartungswert über der (Teil-)Population berechnet, d.h. man geht zu den beiden Populationsparametern ATE und ATT über. Unter gewissen Annahmen, auf die wir weiter unten noch ausführlicher zu sprechen kommen, gelingt es, den Approximationsfehler, resultierend aus der Schätzung des kontrafaktischen Ergebnisses, zu minimieren oder ihn im Durchschnitt bzw. asymptotisch sogar zum Verschwinden zu bringen.

Es wird sofort ersichtlich, worauf die verschiedenen Schätzer beruhen müssen: erstens auf der zu beantwortenden Fragestellung, zweitens auf dem zugrunde liegenden (ökonomischen) Modell, drittens auf methodischen – meistens nicht überprüfbaren – Annahmen und viertens auf der Art der verfügbaren Daten.

Annahme dynamischer Invarianz: Der Before-After Parameter

Der Before-After Parameter beruht auf dem intuitiv einleuchtenden Prinzip, die einzelnen Individuen mit sich selbst zu vergleichen. Er versucht dabei den Umstand auszunutzen, dass sich zumindest einige Individuen notwendigerweise zu verschiedenen Zeitpunkten in verschiedenen Zuständen befinden, bzw. über die Zeit ihren Zustand ändern. Um dies zu erreichen, werden individuelle Zeitreihen ausgewertet, d.h. ein Individuum wird zu verschiedenen Zeitpunkten beobachtet. In den Sozialwissenschaften, welche sich von den Naturwissenschaften u.a. durch die grosse Heterogenität ihrer zu untersuchenden Grundgesamtheit unterscheiden, wird meistens eine Teilpopulation von Individuen betrachtet, um dann einen durchschnittlichen Effekt über dieser Teilpopulation zu berechnen. Es handelt sich somit um Studien, welche auf Paneldaten basieren.

Es sei wiederum p der Zeitpunkt, in welchem die Ursache stattfindet (z.B. der Programmbeginn) und zwei Zeitpunkte t' (before) und t (after) mit $t' < p < t$, dann wird der Before-After Parameter definiert als

$$E(Y_{it}^{1} \mid X_{it}) - E(Y_{it'}^{0} \mid X_{it'}) \tag{2.6}$$

bzw.

$$E(Y_{it}^{1} \mid X_{it}, D_{it} = 1, D_{it'} \equiv 0) - E(Y_{it'}^{0} \mid X_{it'}, D_{it} = 1, D_{it'} \equiv 0), \tag{2.7}$$

und nicht parametrisch geschätzt durch die Populationsgleichung

$$(\bar{Y}_{it}^{1} \mid X_{it}) - (\bar{Y}_{it'}^{0} \mid X_{it'}) \tag{2.8}$$

bzw.

$$(\bar{Y}_{it}^{1} \mid X_{it}, D_{it} = 1, D_{it'} \equiv 0) - (\bar{Y}_{it'}^{0} \mid X_{it'}, D_{it} = 1, D_{it'} \equiv 0), \tag{2.9}$$

wobei $\bar{Y}$ dem Mittelwert der (Teil-)Population entspricht. Man beachte dabei das Äquivalenzzeichen $\equiv$ in der Konditionierung der beiden Terme. Da $t' < p$ ist, gibt es zu diesem Zeitpunkt noch keine Ursache bzw. kein Programm und somit gilt notwendigerweise $D_{it'} \equiv 0$ für alle $i \in U$. Im Weiteren wird diese Äquivalenz aus Notationsgründen weggelassen.

In der Folge wird gezeigt, wie der beobachtbare Before-After Parameter und der nicht beobachtbare Average Effect of Treatment on the Treated (ATT) Parameter zusammenhängen. Dazu kann der ATT-Parameter wie folgt zerlegt werden:[18]

18 Der Zusammenhang zwischen dem Average Treatment Effect (ATE) und dem Before-After Parameter kann analog hergeleitet werden.

$$E(Y_{it}^1 - Y_{it}^0 \mid X_{it}, D_{it} = 1) \equiv \overbrace{E(Y_{it}^1 \mid X_{it}, D_{it} = 1) - E(Y_{it'}^0 \mid X_{it'}, D_{it} = 1)}^{\text{Before-After (BA) Parameter: beobachtbar}}$$
$$\underbrace{- \{E(Y_{it}^0 \mid X_{it}, D_{it} = 1) - E(Y_{it'}^0 \mid X_{it'}, D_{it} = 1)\}}_{\text{dynamische Verzerrung: nicht beobachtbar}}$$

Die ersten beiden Summanden bilden den Before-After (BA) Parameter, die letzten beiden Terme in der geschwungenen Klammer repräsentieren den möglichen Approximations-Fehler, den ich *dynamische Verzerrung* nenne und welcher Ursache für die Verzerrung des BA-Parameters relativ zum ATT-Parameter sein kann. Der BA-Parameter setzt sich demnach zusammen aus dem zu bestimmenden ATT-Parameter zuzüglich eines additiven Terms, der dynamischen Verzerrung. Die zentrale Frage lautet nun, unter welchen (nicht überprüfbaren) Identifikationsannahmen diese unbeobachtete dynamische Verzerrung verschwindet und somit der kontrafaktische ATT-Parameter dem beobachtbaren BA-Parameter entspricht. Aus der obigen Gleichung wird ersichtlich, dass die dynamische Verzerrung verschwindet, wenn die Annahme

$$E(Y_{it'}^0 \mid X_{it'}) = E(Y_{it}^0 \mid X_{it}) \tag{2.10}$$

bzw.

$$E(Y_{it'}^0 \mid X_{it'}, D_{it} = 1) = E(Y_{it}^0 \mid X_{it}, D_{it} = 1) \tag{2.11}$$

erfüllt ist. Mit Worten ausgedrückt: Damit der nicht beobachtbare Term auf der linken Seite des Gleichheitszeichens beim Übergang auf den Populationsmittelwert durch den beobachtbaren Term auf der rechten Seite ersetzt werden kann, muss angenommen werden können, dass sich die Umstände, operationalisiert durch die in X enthaltenen Variablen, während der Beobachtungsperiode mit der Länge $t - t'$ nicht (zu stark) verändern. Diese Annahme bezeichne ich deshalb als *dynamische Invarianzannahme*.

Im Vergleich zu den weiter unten vorgestellten Parametern liegt der Vorteil des BA-Parameters in seiner Einfachheit. Die Kontrollgruppe, bestehend aus den Beobachtungen der Teilnehmer vor Programmbeginn, ist eindeutig definiert und man benötigt somit nur die Daten über die Programmteilnehmer. Dies ist ein nicht zu unterschätzender Vorteil, denn in Evaluationsstudien kennt man die Teilnehmer in der Regel viel besser als die Nichtteilnehmer. Dies gilt insbesondere für den Fall der kantonalen Wirtschaftsförderung. Dieser Vorteil bringt jedoch nichts, denn das Hauptproblem liegt natürlich in der Annahme, dass sich «die Welt»[19] im Beobachtungszeitraum nicht (zu stark) verändert. Dies mag kurzfristig und für kleine Teilpopulationen unter sehr kontrollierten Bedingungen, wie z. B. in (naturwissenschaftlichen) Experimenten eine plausible Annahme sein, in den Sozialwissenschaften trifft sie in der Regel aber selten zu. Beispielsweise würden im Falle der Erfolgskontrolle der kantonalen Wirtschaftsförderung die Konjunkturtrends der kantonalen Wirtschaft, gemessen anhand ihrer Auswirkungen auf die Zielgrösse Y, in vollem Umfang der Wirtschaftsförderung zugerechnet werden. Ein zweites Beispiel einer Verletzung dieser Annahme läge vor, wenn sich die firmenspezifischen Umstände in diesem Zeitraum veränderten. So könnte möglicherweise das Management ausgewechselt worden sein, was sich höchstwahrscheinlich auf die Zielvariable Y auswirken würde, jedoch nicht vom kausalen Effekt der kantonalen Wirtschaftsförderung unterschieden werden könnte.

Annahme individueller Homogenität: Der Cross-Section Parameter

Der Cross-Section Parameter vergleicht Programmteilnehmer mit Nichtteilnehmern in derselben Periode.[20] Er ist definiert als

$$E(Y_i^1 \mid X_i, D_i = 1) - E(Y_i^0 \mid X_i, D_i = 0) \tag{2.12}$$

19 Damit bezeichne ich die in X zusammengefassten individuellen Attribute und gesamtwirtschaftlichen Grössen, welche das Ergebnis Y beeinflussen, aber statistisch von der durch das Programm induzierten Ursache $D = 1$ unabhängig, also modell-exogen sind.

20 Deshalb wird im Folgenden der Zeitindex t einfachheitshalber weggelassen.

und kann mit der nicht parametrischen Gleichung

$$(\bar{Y}_i^1 \mid X_i, D_i = 1) - (\bar{Y}_i^0 \mid X_i, D_i = 0) \tag{2.13}$$

geschätzt werden.

Im Folgenden wird wiederum gezeigt, wie der beobachtbare Cross-Section Parameter und der nicht beobachtbare Average Effect of Treatment on the Treated (ATT) Parameter zusammenhängen. Dazu kann der ATT-Parameter wie folgt zerlegt werden:[21]

$$\begin{aligned} E(Y_i^1 - Y_i^0 \mid X_i, D_i = 1) \equiv\; & \overbrace{E(Y_i^1 \mid X_i, D_i = 1) - E(Y_i^0 \mid X_i, D_i = 0)}^{\text{cross-section (CS) Parameter: beobachtbar}} \\ & - \underbrace{\{E(Y_i^0 \mid X_i, D_i = 1) - E(Y_i^0 \mid X_i, D_i = 0)\}}_{\text{selection bias } (SB(X_i))\text{: nicht beobachtbar}}. \end{aligned}$$

Die ersten beiden Summanden der rechten Seite der Identität bilden den Cross-Section (CS) Parameter, die letzten beiden Terme in der geschwungenen Klammer repräsentieren die Selektionsverzerrung[22] *(selection bias)* des CS-Parameters. Der CS-Parameter setzt sich also zusammen aus dem zu bestimmenden ATT-Parameter zuzüglich eines additiven Terms, der Selektionsverzerrung.

21 Der Average Treatment Effect (ATE) lässt sich aus dem ATT-Parameter (bzw. dem CS-Parameter) mit Hilfe der folgenden Gleichung herleiten (bzw. schätzen), welche sich durch Anwendung des *Law of Iterated Expectation* ergibt:

$$\begin{aligned} E(Y_i^1 - Y_i^0 \mid X_i) &= P[D_i = 1 \mid X_i] \cdot \overbrace{E(Y_i^1 - Y_i^0 \mid X_i, D_i = 1)}^{= ATT} \\ &+ P[D_i = 0 \mid X_i] \cdot \underbrace{E(Y_i^1 - Y_i^0 \mid X_i, D_i = 0)}_{= ATN} \end{aligned}$$

wobei der Erwartungswert im zweiten Summanden dem Average Effect of Treatment on the Non-Treated (ATN) entspricht.

22 Ein Schätzer heisst *verzerrt*, wenn sein Erwartungswert nicht dem zu schätzenden Parameter der Grundgesamtheit entspricht.

Die zentrale Frage lautet wieder, unter welchen (nicht überprüfbaren) Identifikationsannahmen dieser nicht zu beobachtende selection bias verschwindet und somit der kontrafaktische, nicht beobachtbare ATT-Parameter mit dem beobachtbaren CS-Parameter übereinstimmt. Die obige Gleichung zeigt, dass die Selektionsverzerrung verschwindet, wenn die Annahme

$$E(Y_i^0 \mid X_i, D_i = 1) = E(Y_i^0 \mid X_i, D_i = 0) \qquad (2.14)$$

erfüllt ist. Mit Worten ausgedrückt: Damit der nicht beobachtbare Term auf der linken Seite des Gleichheitszeichens beim Übergang auf den Populationsmittelwert durch den beobachtbaren Term auf der rechten Seite ersetzt werden kann, muss folgende Annahme getroffen werden können: Im Durchschnitt würden Personen, die am Programm teilnehmen, im Falle der Nichtteilnahme dasselbe Ergebnis erzielen, wie diejenigen Individuen, die tatsächlich nicht am Programm teilnehmen. Diese Annahme bezeichne ich in Anlehnung an Holland (1986) als *individuelle Homogenitätsannahme*, da sie voraussetzt, dass die Teilpopulation der Programmteilnehmer im Durchschnitt auf die Ursache $D = 1$ gleich reagiert (ausgedrückt in Y) wie die Teilpopulation der Nichtteilnehmenden. Mit anderen Worten: Es wird verlangt, dass es keine systematische Selektionsverzerrung in die Teilpopulation der Programmteilnehmer gibt, welche sich auf das potentielle Resultat Y auswirkt (nach Kontrolle aller übrigen nicht kausalen Faktoren X).

Das Entscheidende dabei ist, dass die Variablen, welche mit der Selektionsentscheidung korreliert sind, nicht gleichzeitig auch mit dem Ergebnis der Individuen korreliert sind. Dies sei kurz an einem zugegebenermassen sehr unrealistischen Beispiel im Kontext der Wirtschaftsförderung erläutert. Eine Teilpopulation aus der Grundgesamtheit aller Unternehmen eines Kantons kann zum Beispiel dadurch gebildet werden, dass man diejenigen Unternehmungen fördert, in denen einer der Unternehmer einen Vornamen mit dem Anfangsbuchstaben A hat. Dieses Auswahlkriterium ergibt eine selektive, nicht zufällige Teilpopulation. Dennoch verursacht dies keinerlei Probleme, solange man nicht

Grund zur Annahme hat, dass der erste Buchstabe der Unternehmervornamen irgendwie mit dem Erfolg des Unternehmens zusammenhängt. Wäre dies aber der Fall, so könnte nicht zwischen dem Effekt des Programms und demjenigen des Vornamens auf die outcome Variable Y unterschieden werden. In statistischer Sprache: Der Programmeffekt ist in diesem Fall *nicht identifiziert.*

Die Selektionsverzerrung beim Cross-Section Parameter resultiert also aus einem systematischen Zusammenhang zwischen der Selektionsvariablen D und dem Resultat Y^0,[23] während die dynamische Verzerrung des Before-After Parameters auf der Veränderung der Umgebung X über die Zeit basiert, welche dann systematisch auf das Resultat Y wirkt und nicht vom Programmeffekt D unterschieden werden kann.

Annahme gemeinsamer Trends: Der Difference-in-Differences Parameter

Der Difference-in-Differences (DD) Parameter kann als eine Art Weiterentwicklung des Before-After Parameters aufgefasst werden. Er versucht, dessen Hauptschwäche, nämlich die Anfälligkeit auf Verzerrungen, zu beheben, welche durch gemeinsame Trends verursacht werden. Der DD-Parameter ist eine hybride Form des Before-After und des Cross-Section Parameters und setzt das Vorhandensein von Paneldaten oder wiederholten Querschnittsdaten über die Programmteilnehmer voraus.

23 Dieser systematische Zusammenhang kann beispielsweise durch eine dritte Variable verursacht werden, welche bewirkt, dass nur ganz bestimmte Einheiten – in diesem Fall Firmen von Unternehmern mit Anfangsbuchstaben A – in das Programm eingeteilt werden. Wenn nun diese dritte Variable die Ergebnisvariable Y beeinflusst, dann wird dieser Teil des kausalen Effekts dem Programm zugeschrieben und es liegt somit eine sogenannte Scheinkorrelation vor.

Anders ausgedrückt entsteht die Selektionsverzerrung dadurch, dass vom Ergebnis Y einer *Teil*population auf das Ergebnis der *ganzen* Population geschlossen wird. Dieses Vorgehen ist solange kein Problem, als die Selektion nicht auf Variablen basiert, welche das Ergebnis Y systematisch beeinflussen.

Der Difference-in-Differences Parameter ist definiert als

$$E(Y_{it}^1 - Y_{it'}^0 \mid X_{it}, X_{it'}) \quad - \quad E(Y_{it}^0 - Y_{it'}^0 \mid X_{it}, X_{it'}) \qquad (2.15)$$

bzw.

$$E(Y_{it}^1 - Y_{it'}^0 \mid X_{it}, X_{it'}, D_{it} = 1) \quad - \quad E(Y_{it}^0 \; - \; Y_{it'}^0 \mid X_{it}, X_{it'}, D_{it} = 0),$$

mit $t' < p < t$, und wird durch die Populationsgleichung

$$(\bar{Y}_{it}^1 - \bar{Y}_{it'}^0 \mid X_{it}, X_{it'}) \quad - \quad (\bar{Y}_{it}^0 - \bar{Y}_{it'}^0 \mid X_{it}, X_{it'}) \qquad (2.16)$$

bzw.

$$(\bar{Y}_{it}^1 - \bar{Y}_{it'}^0 \mid X_{it}, X_{it'}, D_{it} = 1) \; - \; (\bar{Y}_{it}^0 \; - \; Y_{it'}^0 \mid X_{it}, X_{it'}, D_{it} = 0), \quad (2.17)$$

nicht parametrisch geschätzt.[24]

Im Folgenden wird wieder gezeigt, wie der beobachtbare Difference-in-Differences Parameter und der nicht beobachtbare Average Effect of Treatment on the Treated (ATT) Parameter zusammenhängen. Dazu kann der ATT-Parameter wie folgt zerlegt werden:[25, 26]

$$\begin{aligned} ATT \equiv \; & \overbrace{E(Y_{it}^1 - Y_{it'}^0 \mid X_{it,t'}, D_{it} = 1) - E(Y_{it}^0 - Y_{it'}^0 \mid X_{it,t'}, D_{it} = 0)}^{\text{Difference-in-Differences (DD) Parameter: beobachtbar}} \\ & - \; \{E(Y_{it}^0 - Y_{it'}^0 \mid X_{it,t'}, D_{it} = 1) - E(Y_{it}^0 - Y_{it'}^0 \mid X_{it,t'}, D_{it} = 0)\}. \end{aligned}$$

Die ersten beiden Summanden bilden den Difference-in-Differences Parameter. Der DD-Parameter setzt sich also zusammen aus dem zu bestimmenden ATT-Parameter zuzüglich eines additiven Fehlerterms.

24 Die Äquivalenz $D_{it'} \equiv 0$ für alle $i \in U$ wurde wie zuvor aus Notationsgründen weggelassen.

25 Zur notationellen Vereinfachung definieren wir $X_{it,t'} := [X_{it}, X_{it'}]$.

26 Der Zusammenhang zwischen dem ATE und dem DD-Parameter kann analog hergeleitet werden.

Die zentrale Frage lautet wieder, unter welchen (nicht überprüfbaren) Identifikationsannahmen dieser nicht zu beobachtende Fehler verschwindet und somit der kontrafaktische nicht beobachtbare ATT-Parameter dem beobachtbaren DD-Parameter entspricht. Aus der obigen Gleichung wird ersichtlich, dass der Fehler verschwindet, wenn die Annahme

$$E(Y_{it}^{0} - Y_{it'}^{0} \mid X_{it,t'}, D_{it} = 1) = E(Y_{it}^{0} - Y_{it'}^{0} \mid X_{it,t'}, D_{it} = 0) \quad (2.18)$$

erfüllt ist. In Worten ausgedrückt: Es muss angenommen werden können, dass der Trend innerhalb der Periode, gemessen am Resultat Y, zwischen den Programmteilnehmern und der Kontrollgruppe der Nichtteilnehmenden (approximativ) gleich ist. Mit anderen Worten: Der Fehler hebt sich auf, wenn die beiden Teilpopulationen einen *gemeinsamen, durchschnittlichen Trend* aufweisen.

2.4.4 Die traditionelle ökonometrische Evaluation

Zu allererst muss der Begriff *traditionelle Ökonometrie* genauer erläutert werden. Der Begriff ist dabei keineswegs abschätzig zu verstehen und bedeutet auf gar keinen Fall, dass diese Methoden irgendwie veraltet oder überholt sein könnten. Mit dieser Terminologie soll viel eher der zentrale Unterschied zur mikroökonometrischen Evaluation unterstrichen werden. Die Mikroökonometrie[27] baut auf dem fundamentalen Problem der inferenziellen Kausalität auf, d.h. auf der Tatsache, dass es neben dem beobachteten Zustand noch zumindest einen nicht beobachtbaren Zustand gibt, nämlich das kontrafaktische Ereignis. Es handelt sich somit um ein Problem fehlender Daten *(missing variables)* im

27 Dieser Begriff wird in der Literatur oft auch anders verwendet. Er bezeichnet gelegentlich auch ökonometrische Methoden, welche speziell für Datensätze mit Individualbeobachtungen konzipiert wurden wie z. B. die Ökonometrie qualitativer Variablen.

weiteren Sinn. Die Unterscheidung zwischen nicht beobachtbaren und nicht beobachteten Ereignissen ist fundamental für die Abgrenzung zwischen mikroökonometrischen Methoden und der traditionellen Ökonometrie. Letztere basiert auf dem Prinzip der Beobachtbarkeit und ihr Anwendungsgebiet ist demnach der tatsächlich eingetretene Zustand. Diese beiden Kategorien der Ökonometrie sind dabei keineswegs unabhängig voneinander. Im Gegenteil: Das mikroökonometrische Konzept ist oft der Ausgangspunkt einer Studie und die traditionelle Ökonometrie befasst sich anschliessend mit der Umsetzung bzw. der Quantifizierung der von der Mikroökonometrie vorgegebenen – notwendigerweise (potentiell) beobachtbaren – Parameter, wie z. B. dem Before-After, dem Cross-Section oder dem Difference-in-Differences Parameter. Auch die traditionelle Ökonometrie versucht, kontrafaktische Fragen zu beantworten, d.h. Fragen vom Typ «Was wäre, wenn…?», jedoch auf eine leicht andere Weise als die oben vorgestellte Mikroökonometrie. Es ist wichtig darauf hinzuweisen, dass die Ökonometrie *immer* versucht, kausale Aussagen zu machen. Oft überzeugt jedoch erst eine Kombination dieser beiden Typen der Ökonometrie, weshalb meistens bei der Schätzung der interessierenden Parameter auch beide Ansätze verwendet werden.

Das fundamentale Problem der traditionellen Ökonometrie – in Anlehnung an die Begriffswahl von Holland (1986) – besteht darin, kausale Zusammenhänge zwischen Variablen zu bestimmen und diese aus potentiell beobachtbaren Tatsachen zu schätzen. Es gibt verschiedene Gründe, wieso die Daten nur *potentiell* beobachtbar sind, obwohl man im beobachtbaren Zustand arbeitet bzw. seine Modelle auf den tatsächlich eingetretenen Zustand ausrichtet. Dies bezeichne ich als das Problem fehlender Daten *(missing variables)* im engeren Sinn, welches mehrere Ursachen haben kann.

Erstens ist es möglich, dass die Daten schlichtweg nicht erhoben werden, eine Tatsache, von welcher Ökonometriker mit Interesse an schweizerischen Analysen ein Lied singen können.[28] *Zweitens* kann eine

28 Der Fall der Evaluation von kantonalen Wirtschaftsförderungen ist nur ein Beispiel dafür.

Erhebung aller Variablen aus Kostengründen ausscheiden. *Drittens* besteht die Möglichkeit, dass gewisse Grössen nicht operationalisiert werden können. So ist z. B. die Fähigkeit des Managements einer Unternehmung zweifellos sehr entscheidend für dessen Erfolg oder die individuelle Motivation eines Schülers für dessen Examensresultate. Diese Variablen können in der Realität jedoch nicht (direkt) beobachtet werden.

Alle fehlenden Grössen – die nicht beobachteten und die nicht beobachtbaren – werden in der traditionellen Ökonometrie unter dem Begriff des Störterms *(error term)* zusammengefasst und meist mit dem Buchstaben U oder ε abgekürzt. Wie der Name schon sagt, «stören» diese Grössen die *deterministische, kausale Erklärung* des Resultats Y mit Hilfe der vorhandenen Daten X. Der Grundgedanke der traditionellen Ökonometrie besteht nun darin, dass ein idealer, allwissender Ökonometriker theoretisch diese fehlenden Grössen quantifizieren und somit einen deterministischen Zusammenhang zwischen Y und X herstellen könnte. In diesem Leitgedanken liegt der fundamentale Unterschied zur oben vorgestellten Mikroökonometrie. Selbst ein idealer Experimentator kann – solange Zeitreisen ausgeschlossen bleiben – nicht zugleich zwei disjunkte Ereignisse beobachten bzw. sich in zwei Zuständen gleichzeitig aufhalten.

Ein weiterer grundlegender Unterschied zwischen den beiden ökonometrischen Ansätzen liegt in der Art der Kritik, mit welcher man ihnen begegnen kann.[29] Die Modelle der traditionellen Ökonometrie sind in erster Linie positive Modelle[30] und als solche im Prinzip immer «falsch», beziehungsweise mehr oder weniger «unrealistisch», da sie nur einen Teil der (zu) komplexen Wirklichkeit darzustellen vermögen. Viele

29 Ich bin geneigt anzufügen «und sollte». Mir ist aber bewusst, dass die wissenschaftstheoretische Diskussion zu diesem Punkt lang ist und den Rahmen dieser Arbeit sprengen würde.

30 *Positive* Modelle sind (empirisch gehaltvolle) Modelle, welche die zugrunde liegende Realität *zu erklären* versuchen. Davon zu unterscheiden sind *normative* Modelle, welche Aussagen darüber machen, wie etwas *sein sollte.*

Annahmen – aber nicht alle –, auf denen diese ökonometrischen Modelle basieren, sind in irgendeiner Form anhand von realen Daten und mit Hilfe statistischer Tests – den sogenannten Spezifikationstests – überprüfbar. Insofern können die Modelle der traditionellen Ökonometrie dem durch Friedman (1959) geprägten Begriff der *positiven Ökonomie* zugeordnet werden. Die Bewertung dieser Modelle erfolgt durch Konfrontation mit realen Daten, weshalb die resultierende Kritik eine Ergebniskritik ist.

Im Gegensatz dazu sind die mikroökonometrischen Modelle eher Gedankenexperimente, basieren auf meist nicht überprüfbaren Annahmen und bilden oft die erste Stufe der Modellierung einer allgemeinen Evaluation. Sie können nicht direkt mit der Realität konfrontiert werden, da diese für die potentiellen, aber nicht realisierten Zustände eben nicht existiert. In diesem Fall ist eine Annahmenkritik angebracht. Die Annahmen sind dann mehr oder weniger plausibel, d.h. sie können mehr oder weniger überzeugend vertreten bzw. verteidigt werden *in Bezug auf* eine gegebene Fragestellung und die datentechnischen Umstände. So kann z.B. der Before-After Parameter für ein naturwissenschaftliches Laborexperiment mit hoher Kontrollmöglichkeit eine sehr plausible Art sein, eine kausale Beziehung zu modellieren. Derselbe BA-Parameter scheint jedoch für eine kausale Aussage über einen langfristigen, makroökonomischen Zusammenhang weniger geeignet zu sein.

Die folgende Darstellung dessen, was ich als *traditionelle Ökonometrie* bezeichne, basiert grösstenteils auf Wooldridge (2002). Die grössten Probleme, welche die traditionelle Ökonometrie lösen muss, um eine kausale Beziehung zwischen Y und X herstellen zu können, sind: *Erstens* eine vollständige Bestimmung aller *relevanten*, beobachtbaren Faktoren X, welche Y systematisch beeinflussen; *zweitens* das Auffinden einer überzeugenden Methode, um mit denjenigen nicht beobachteten und nicht beobachtbaren Variablen umzugehen, welche Y ebenfalls massgeblich beeinflussen und *drittens* – als direkte Konsequenz aus zweitens – die Beantwortung der Frage nach dem Zusammenhang zwischen den Kontrollvariablen X und dem Störterm U.

Zur Lösung der ersten beiden Probleme ist der Ökonometriker (teilweise) auf die ökonomische Theorie angewiesen,[31] welche ihm eine Antwort auf die Frage nach den in X enthalten Variablen liefern sollte. Er kann anschliessend bestimmen, welche von diesen beobachtbar und welche nicht beobachtbar sind und welche davon nicht beobachtet werden. Das dritte Problem ist rein ökonometrischer Natur. Die meisten ökonometrischen Lehrbücher konzentrieren sich auf die Probleme, welche sich aus dem Zusammenhang zwischen X und U ergeben und z. T. auch noch auf das zweite Problem der nicht beobachteten und nicht beobachtbaren Variablen. Ziel ist die Formulierung hinreichender Bedingungen, welche es ermöglichen, die strukturelle Beziehung zwischen Y und X zu identifizieren. In den meisten Fällen wird diese Strukturbeziehung auf den Parameter des bedingten Erwartungswertes $E(Y \mid X)$ reduziert.

Das Ausgangsmodell der traditionellen Ökonometrie kann folgendermassen dargestellt werden:

$$Y \equiv E(Y \mid X) + U \quad \text{und} \quad E(U \mid X) \equiv 0, \tag{2.19}$$

wobei Y, X und U als Zufallsvariablen aufgefasst werden. Die zentrale Frage lautet dann, ob man alle relevanten Grössen X kennt, welche im Durchschnitt Y verursachen.

Sei $X = [V, W]$ und sei weiter wie zuvor angenommen, dass

$$E(U \mid X) \equiv E(U \mid V, W) = 0 \tag{2.20}$$

ist, d.h. V und W[32] zusammen erklären im Durchschnitt das Resultat Y. Zudem stellen wir uns vor, dass der Ökonometriker nur die Faktoren in Betracht zieht bzw. beobachtet, welche im Vektor W enthalten

31 Dies ist einer der Unterschiede zwischen einem Ökonometriker und einem reinen Statistiker.

32 Es sei angenommen, dass V und W disjunkte Grössen enthalten, d.h. dass keine Grösse, welche in V enthalten ist, auch in W auftaucht und umgekehrt.

sind, jedoch nicht diejenigen, welche durch V gegeben sind. Der Ökonometriker versucht somit, mit Hilfe der Beobachtungsvektoren Y und W den Parameter $E(Y|W)$ zu schätzen.

Wenn nun

$$E(U|W) \neq 0 \tag{2.21}$$

ist, gibt der Parameter $E(Y|W)$ – welchen der Ökonometriker zu schätzen versucht – nicht den kausalen Zusammenhang zwischen Y und W wieder, da man nicht für V kontrolliert. Der Einfluss von V auf Y wird also fälschlicherweise auch W zugerechnet, was eine Verzerrung des Parameters $E(Y|W)$ zur Folge hat.

Machen wir uns diesen entscheidenden Punkt an einem einfachen Beispiel mit einer linearen funktionalen Form von $E(Y|W)$ und zwei Grössen klar, d.h. V und W bestehen beide aus nur einer Grösse, $V = v$ respektive $W = w$. Bezeichne v also den relevanten Faktor, welcher vom Ökonometriker entweder nicht berücksichtigt wird und/oder nicht beobachtbar ist. Die wirkliche, vom Ökonometriker nicht (direkt) beobachtbare Beziehung zwischen der Resultatsvariablen Y und der interessierenden, beobachteten Variablen w, sei gegeben durch:

$$Y = \beta_0 + w \cdot \beta_1 + v \cdot \beta_2 \tag{2.22}$$

Der Ökonometriker stellt nun das folgende Modell

$$Y = \beta_0 + w \cdot \beta_1 + U \tag{2.23}$$

auf, um die kausale Wirkung von w auf Y zu schätzen. Er erhält somit als Schätzung

$$E(Y \mid w) = \beta_0 + w \cdot \beta_1 + \beta_2 \cdot E(v \mid w). \tag{2.24}$$

Solange der letzte Summand auf der rechten Seite des Gleichheitszeichens nicht verschwindet – was er in diesem Fall nicht tut, da er per Definition *relevant* ist – schätzt der Ökonometriker den kausalen Einfluss von w auf Y falsch ein, wenn er davon ausgeht, dass $E(U|w) \equiv \beta_2 \cdot E(v|w) = 0$ ist. Die Verzerrung beträgt in diesem Fall

$$Y - E(Y \mid w) = \beta_2 \cdot E(v \mid w). \tag{2.25}$$

Ein Grossteil der traditionellen Ökonometrie beschäftigt sich mit denjenigen Fällen bzw. Umständen, bei welchen $E(U \mid W) \neq 0$ ist. Diese Fälle werden in der Literatur unter dem Begriff des *Endogenitätsproblems* zusammengefasst, weil dabei Variablen V, die in ein richtig spezifiziertes Erklärungsmodell gehörten und somit modell-*endogen* sind, im Modell nicht berücksichtigt werden bzw. nicht berücksichtigt werden können. Im Folgenden sollen diese Endogenitätsprobleme kurz erläutert werden, da sie bei der Kritik existierender Evaluationen von Wirtschaftsförderungen von Bedeutung sind.

In der Literatur werden v. a. vier Methoden diskutiert, um das Endogenitätsproblem, welches dem *omitted variable* Problem im engeren Sinne entspricht, zu überwinden. Die *erste* Methode ist simpel, bedarf keiner weiteren Erklärung und kann wie folgt formulierte werden: «Füge alle beobachtbaren relevanten Variablen in das Strukturmodell ein.» Die *zweite* Methode ist der *Proxy-Variablen-Ansatz.* Dabei versucht man, die nicht beobachtbaren Variablen V durch beobachtbare, sogenannte Proxy-Variablen Z (Stellvertretervariablen), zu ersetzen. Eine Proxy-Variable Z muss folgende zwei Bedingungen erfüllen:

$$E(Y \mid V, W, Z) = E(Y \mid V, W) \tag{2.26}$$

$$E(V \mid Z) \neq 0 \tag{2.27}$$

Die erste Bedingung verlangt, dass die Proxy-Variable «überflüssig» ist, falls man V beobachten könnte. Trifft dies nicht zu, ist das Strukturmodell nicht vollständig spezifiziert und Z müsste gemäss der ersten Methode in das Modell eingefügt werden, ohne eine Proxy-Variable für V zu sein. Die zweite Bedingung verlangt, dass die Proxy-Variable mit der nicht beobachtbaren Variable korreliert ist, d.h. sie muss V (teilweise) «erklären» können. Eine perfekte Proxy-Variable wäre natürlich eins zu eins mit V korreliert.

Die *dritte* Methode nennt sich *Instrumenten-Variablen-Ansatz* und ist eng verwandt mit der Proxy-Variablen-Methode. Der Unterschied liegt darin, dass in diesem Fall die (endogene) Variable $V = v$ beobachtbar, aber mit dem Störterm U korreliert ist.[33] Klassische Beispiele sind das Messfehlerproblem, welches wir hier nicht weiter diskutieren wollen, das Endogenitätsproblem auf Grund simultaner Gleichungssysteme, sowie das Problem «gelagter» abhängiger Variablen bei gleichzeitiger Autokorrelation des Störterms. Das Problem sei wiederum dadurch gegeben, dass $E(U \mid W, v) \neq 0$ ist. Dann besteht die Aufgabe für den Ökonometriker darin, ein sogenanntes Instrument (bzw. eine Instrumentenvariable) Z für die endogene Variable v zu finden, welches mit v (partiell) korreliert ist (d.h. nach Kontrolle für alle übrigen Variablen in W) und zugleich exogen ist. Diese beiden Bedingungen lassen sich wie folgt formulieren:

$$E(v \cdot Z) \neq 0 \qquad (2.28)$$

$$E(U \cdot Z) = 0 \qquad (2.29)$$

Die erste Bedingung kann getestet werden, da beide Grössen beobachtbar sind. Die zweite Bedingung ist nicht überprüfbar – auch nicht wenn das Modell überidentifiziert ist, worauf hier nicht weiter eingegangen werden soll. Neben dem Auffinden der Instrumentenvariablen stellt sich in der Praxis oft das Problem, dass entweder Z nur schwach mit v korreliert ist, was zu einer Reduktion der Güte des Schätzers führt (*weak instruments* Problem), oder, dass umgekehrt, bei starker Korrelation, die Exogenität von Z in Frage gestellt werden muss.

33 Wir nehmen der Einfachheit halber an, dass nur eine Variable aus V endogen ist und bezeichnen diese mit v.

Eine *vierte* Methode ist möglich, falls ein Paneldatensatz zur Verfügung steht. Wenn wir annehmen können, dass die nicht beobachteten oder nicht beobachtbaren vernachlässigten Variablen V über die Zeit konstant sind und dass sie additiv auf Y wirken, lässt sich der bedingte Erwartungswert von Y zum Zeitpunkt t in Abhängigkeit von W und V schreiben als

$$E(Y_{it} \mid W_{it}, V_i) = E(Y_{it} \mid W_{it}) + V_i\,. \qquad (2.30)$$

Da die Variable V_i nicht beobachtbar ist, wird ihr auch kein Koeffizient zugeordnet, weil dieser nicht geschätzt werden kann. In der Paneldatenliteratur wird V_i in diesem Fall als (nicht beobachtbarer) individueller *Effekt* bezeichnet, weshalb die beiden wichtigsten Paneldatenschätzer *Random Effects* (RE) und *Fixed Effects* (FE) Schätzer heissen. Welcher von beiden verwendet wird, hängt davon ab, ob man annehmen kann, dass W_{it} und V_i unabhängig voneinander sind (im statistischen Sinne). Ist dies der Fall, wird der Störterm U_{it}, welcher V_i enthält, lediglich heteroskedastisch.[34] Der OLS Schätzer *(ordinary least squares)* ist in diesem Fall unverzerrt und der GLS Schätzer *(generalized least squares)* zudem effizient und wird dann als RE Schätzer bezeichnet. Besteht jedoch Grund zur Annahme, dass W_{it} und V_i korreliert sind, ist $E(U_{it} \mid W_{it}) \neq 0$, da U_{it} den nicht beobachtbaren Effekt V_i enthält. Das Vorhandensein von Paneldaten ermöglicht uns nun, dieses Problem unter den oben genannten Voraussetzungen für den Effekt V_i zu lösen. Wir werden weiter unten sehen, wie der *Fixed Effects* (FE) und der *First Differences* (FD) Schätzer dieses Problem beheben.

34 Der unbeobachtbare, individuelle Effekt V_i wird in der Literatur auch als *individuelle Heterogenität* bezeichnet.

2.4.5 Schätzmethoden in der Programmevaluation

In diesem Abschnitt werden die in der Evaluationsliteratur am häufigsten verwendeten Schätzmethoden kurz vorgestellt. Dazu verwenden wir das in Abschnitt 2.4.4 aufgezeigte Parameterschema sowie die Erkenntnisse aus den Ausführungen zur traditionellen Ökonometrie.

Die folgenden Erläuterungen mögen auf den ersten Blick und in Bezug auf das Thema der Erfolgskontrolle der kantonalen Wirtschaftsförderung (zu) detailliert und technisch erscheinen. Dieses Vorgehen erleichtert jedoch den im Abschnitt 2.4.6 folgenden Literaturüberblick zu den mikroökonometrischen Evaluationen von selektiven Wirtschaftsförderungsprogrammen und deren Kritik.

Auf dem Cross-Section Parameter basierende Schätzmethoden

Die folgenden Ausführungen basieren grösstenteils auf den Arbeiten von Heckman et al. (1999), Dehejia und Wahba (2002) und Costa Dias (2002). Heckman et al. (1999) folgend können die auf dem CS-Parameter basierenden Schätzverfahren grob in zwei Kategorien unterteilt werden: erstens in die sogenannte *Matching-Methode* und zweitens in die *Methode des klassischen ökonometrischen Selektionsmodells.*

Die Matching-Methode

Die Idee hinter dem Matching-Ansatz ist denkbar einfach: Man sucht zu jedem Teilnehmer i ($D_i = 1$) mit den Charakteristiken x_i (bzw. $X_i = x_i$) einen (oder mehrere) in Bezug auf diese Merkmale möglichst ähnlichen Nichtteilnehmer j ($D_j = 0$) und vergleicht anschliessend deren Erfolgsmasse Y_i^1 respektive Y_j^0. Damit die Differenz dieser beiden Erfolgsvariablen dem individuellen kausalen Effekt entspricht, müssen folgende Bedingungen erfüllt sein:

$$[(Y_i^1, Y_i^0) \amalg D_i] \mid X_i \ \forall\ i \tag{2.31}$$

$$0 < P[D_i = 1 \mid X_i] < 1, \tag{2.32}$$

wobei das Symbol ⫫ die statistische Unabhängigkeit zwischen den Ergebnisvariablen Y_i^1 und Y_i^0 sowie der Selektionsvariablen D_i repräsentiert.

Die erste Bedingung ist die sogenannte *Conditional Independence Assumption* (CIA) und verlangt, dass die Selektionsvariable D_i nach Kontrolle für alle anderen signifikanten (gemeinsamen) Einflüsse X_i keinen Erklärungsgehalt mehr für die Resultate Y aufweisst. Mit anderen Worten: Nachdem für die Grössen X_i kontrolliert wurde, erfolgt die Selektion in das Programm zufällig und hängt nicht mehr systematisch von anderen Einflussgrössen ab. Der durchschnittliche kausale Effekt wird dann dadurch ermittelt, dass zuerst der individuelle bedingte kausale Effekt $(Y_i^1 - Y_i^0) \mid X_i = x_i$ durch $(Y_i^1 - Y_j^0) \mid X_i = x_i$ approximiert wird – wobei das Individuum j in Bezug auf die Merkmale X dem Individuum i möglichst ähnlich ist – und anschliessend über der Dichtefunktion f_{X_i} der Zufallsvariablen X_i der Erwartungswert bzw. der mit den relativen Häufigkeiten gewichtete Durchschnitt gebildet wird. Da diese Bedingung darauf beruht, dass der Selektionsprozess auf dem Analysten bekannten Grössen basiert – womit die Programmzuteilung bedingt auf diese Grössen X anschliessend völlig zufällig erfolgt – und somit nach dem Kontrollieren für X keine systematische Selektionsverzerrung mehr auftritt, wird sie auch *selection on observables* genannt.

Damit mit Hilfe dieser Annahme das fundamentale Problem der kausalen Inferenz gelöst werden kann, in dem der kontrafaktische nicht beobachtbare Zustand $Y_i^0 \mid (D_i = 1)$ durch den beobachtbaren Zustand $Y_j^0 \mid (D_j = 0)$ approximiert wird, muss durch die zweite Bedingung garantiert werden, dass zu jedem Programmteilnehmer i (mindestens) ein entsprechender Nichtteilnehmer j existiert, welcher dem Teilnehmer in Bezug auf X (ausreichend) ähnlich ist.[35]

35 Diese zweite Bedingung wird auch *Common Support Condition* genannt. Für eine detailliertere Diskussion dieses Begriffs sei auf die oben zitierte Literatur verwiesen. Beide Bedingungen zusammen werden von Rosenbaum und Rubin (1983) auch als *Strong Ignorability Assumption* bezeichnet.

Die CIA ist im Gegensatz zur *Common Support Condition*, welche mit einem Histogramm untersucht werden kann, empirisch nicht überprüfbar und setzt wie bereits erwähnt voraus, dass der Ökonometriker die Determinanten des Selektionsprozesses ausreichend kennt. Wenn beispielsweise die Selektionskriterien von der kantonalen Wirtschaftsförderung vorgegeben und deterministisch umgesetzt werden, so ist diese Annahme glaubwürdiger als wenn die Selektion auf Grund von nicht beobachtbaren individuellen Entscheidungen erfolgt. In der Praxis liegt oft eine Mischung aus individueller und deterministischer Selektion vor, da einerseits die Programmteilnahme freiwilliger Natur ist *(self-selection)* und andererseits meistens gewisse Kriterien seitens der Programmleiter (*hier:* der kantonalen Wirtschaftsförderung) bekannt sind.

Die Glaubwürdigkeit der Schätzung hängt also letztlich einerseits davon ab, wie gut die beobachteten Grössen X den Selektionsprozess erklären, und andererseits von der Qualität der Daten. Die Güte der Daten ist deshalb entscheidend, da die zweite Bedingung verlangt, dass zu jedem Teilnehmer (mindestens) ein *in Bezug auf X ähnlicher* Nichtteilnehmer existiert. Wenn die Dimension von X gross wird, so wird es immer unwahrscheinlicher, dass man einen Nichtteilnehmer j findet, welcher dem Teilnehmer i in Punkto X genau entspricht, d.h. für welchen $x_j = x_i$ ist. Wenn in X nicht nur diskrete Variablen enthalten sind – was in der Praxis meistens der Fall ist –, sondern auch stetige, so ist die Wahrscheinlichkeit einer exakten Übereinstimmung *(matching)* zwischen Teilnehmer und Nichtteilnehmer sogar gleich null. Zudem ist nicht klar, wie die einzelnen Dimensionen von X bei der Definition einer adäquaten Metrik bzw. eines Distanzmasses gewichtet werden sollten. Dieses Problem kann durch die Verwendung eines Wahrscheinlichkeitsmasses der Programmteilnahme *(propensity score)* $P(x_i) := P[D_i = 1 \mid X_i = x_i]$ gelöst werden. Rosenbaum und Rubin (1983) haben gezeigt, dass die *Conditional Independence Assumption* (CIA) gültig bleibt, falls man statt auf X_i auf $P(x_i)$ konditioniert. Somit lässt sich die CIA schreiben als

$$[(Y_i^1, Y_i^0) \amalg D_i] \mid P(x_i) \; \forall \, i \, . \qquad (2.33)$$

Dieses Ergebnis erleichtert die Bildung einer sogenannten Nachbarschaft N_i des Programmteilnehmers i, welche aus Nichtteilnehmern j besteht, die dem Teilnehmer i in Bezug auf X ähnlich sind. Die Ähnlichkeit in Bezug auf den (möglicherweise hochdimensionalen) Merkmalsvektor X kann nun durch den Skalar $P(x_i)$ ausgedrückt werden, welcher als eine Art Distanzmass aufgefasst werden kann.[36] In der praktischen Anwendung der Matching-Methode wird diese Wahrscheinlichkeit jeweils parametrisch geschätzt – meistens mit Hilfe einer Probit- oder Logit-Regression.

Die in der Evaluationsliteratur konkret verwendeten Matching-Schätzer unterscheiden sich v.a. durch die Wahl dieser Nachbarschaft N_i und durch die den Elementen dieser Nachbarschaft zugewiesenen Gewichtungen. Die *Single-Nearest-Neighbor*-Methode sucht beispielsweise zu jedem Teilnehmer i denjenigen Nichtteilnehmer j, welcher diesem in Bezug auf $P(x_i)$ am ähnlichsten ist, also

$$N_i^{NN} := \left\{ j \in U \mid D_j = 0 \quad \text{und} \quad j = \arg\min_{h \in U} \mid P(x_h) - P(x_i) \mid \right\}.$$

Das Problem bei dieser Methode liegt darin, das der Abstand zwischen einem Teilnehmer i und seinem Kontrollindividuum j – gemessen durch $P(\cdot)$ – sehr gross sein kann, wodurch der Approximationsfehler beträchtlich werden kann. Diesen Nachteil behebt die sogenannte *Caliper*-Methode, indem sie eine minimale Distanz bzw. ein Toleranzmass ε *(caliper)* vorgibt, damit ein Individuum j in die Kontrollgruppe des Teilnehmers i aufgenommen wird. Die Nachbarschaft von i schreibt sich somit wie folgt:

$$N_i^{CA} := \{ j \in U \mid D_j = 0 \;\; \text{und} \;\; |P(x_j) - P(x_i)| < \varepsilon \}.$$

36 Streng mathematisch gesehen, handelt es sich bei $P(\cdot)$ um keine Metrik und somit auch nicht um ein Distanzmass. Es hilft jedoch, sich $P(\cdot)$ als Entfernungseinheit vorzustellen. Dann sind sich zwei Individuen i und j ähnlich in bezug auf P respektive X, wenn $P(x_i)$ und $P(x_j)$ nahe beieinanderliegen.

Diese Methode hat den Nachteil, dass dadurch möglicherweise zu vielen Teilnehmern keine entsprechende Nachbarschaft bzw. Kontrollgruppe existiert. Der anschliessend ermittelte gewichtete Durchschnitt dieser individuellen kausalen Effekte entspricht dann nicht mehr dem durchschnittlichen kausalen Effekt *über der ganzen Population*, sondern nur noch dem Effekt über der Teilpopulation der Teilnehmer mit vergleichbaren Nichtteilnehmern.

Nachdem (bzw. falls) das Problem der Bestimmung einer adäquaten Kontrollgruppe gelöst wurde, muss in einem nächsten Schritt die Gewichtung der einzelnen Individuen der Nachbarschaft definiert werden. In der Praxis ist der Gewichtungsfaktor meistens umgekehrt proportional zum gewählten Mass (z. B. $P(x_i)$). Dadurch werden Beobachtungen am stärksten gewichtet, welche dem am Programm teilnehmenden Individuum in Bezug auf das gewählte Mass am ähnlichsten sind. Wenn w_{ij} diesem Gewichtungsfaktor entspricht, dann lässt sich der geschätzte, individuelle kausale Effekt schreiben als

$$Y_i^1 - \sum_{j \in N_i} w_{ij} Y_j^0 \text{ , } mit \sum_{j \in N_i} w_{ij} = 1. \tag{2.34}$$

Um den durchschnittlichen Effekt des Programms zu ermitteln, müssen diese individuellen Effekte anschliessend mit der relativen Häufigkeit – d. h. mit der Frequenz (bzw. der empirischen Dichtefunktion), mit welcher sie in der Population auftreten – gewichtet und schliesslich aufsummiert werden.

Abschliessend ist zu erwähnen, dass die *Common Support Condition* in der praktischen Anwendung sehr häufig verletzt wird, da nicht zu jedem Teilnehmer ein passender Nichtteilnehmer gefunden werden kann. Ein Vorteil der *Matching*-Methode gegenüber der unten beschriebenen Methode der *Selektionsmodelle* besteht darin, dass sie diesen Sachverhalt im Verlauf der Schätzung aufdeckt. Falls diese Bedingung zu oft verletzt wird, d. h. falls die Individuen zu heterogen sind, kann der kausale Effekt des Programms mit Hilfe eines Querschnittsdatensatzes *nicht* ermittelt werden.

Die Methode des klassischen ökonometrischen Selektionsmodells

Die zweite in der Literatur häufig anzutreffende Methode modelliert – im Unterschied zum nicht-parametrischen *Matching*-Ansatz – in einem ersten Schritt mit Hilfe einer parametrischen Regressionsgleichung den Selektionsprozess. Die daraus gewonnene Information wird anschliessend in einem zweiten Schritt in die Ergebnisgleichung eingebaut, um so die (mögliche) Selektionsverzerrung zu korrigieren. Auf die Art, wie die Information aus der Selektionsgleichung in die Ergebnisgleichung eingeführt wird, wird bei der Analyse existierender mikroökonometrischer Evaluationen weiter unten noch näher eingegangen.[37]

Auf dem Before-After und dem Difference-in-Differences Parameter basierende Schätzmethoden

Wenn wir Zugang zu Paneldaten oder wiederholten Querschnittsdaten über dieselbe Population haben *(pooled cross-section)*, können wir die uns interessierenden Parameter ohne *Conditional Independence Assumption* (CIA) schätzen. Dazu müssen aber andere Annahmen getroffen werden und zwar in erster Linie in Bezug auf die funktionale Form des Modells.

Wie im klassischen Modell der Selektionsverzerrungskorrektur von Heckman (1979) muss *additive Separabilität* zwischen dem beobachtbaren und dem nicht beobachtbaren Teil postuliert werden. Zudem wird vorausgesetzt, dass das Programm in der Zeit variiert, d.h. dass es in zumindest einer Periode wenigstens ein Individuum gibt, welches seinen Zustand ändert und vom Nichtteilnehmer zum Programmteilnehmer wird. Die Selektion in das Programm darf zudem nicht von nicht beobachtbaren (individuellen) Faktoren abhängen, die über die Zeit

37 Der interessierte Leser sei u.a. auf die Arbeit von Heckman et al. (1999) verwiesen. Das klassische Selektionsmodell gehört in der angewandten Ökonometrie mittlerweile zum Standardrüstzeug, so dass es in vielen Lehrbüchern ausführlicher behandelt wird. Siehe dazu z.B. Wooldridge (2002) oder Greene (2003).

variieren. Die genauen Gründe für all diese Hypothesen dürften bei der Herleitung der Schätzer klarer werden.

Ziel der folgenden Ausführungen ist es, aus den oben genannten Annahmen und zusätzlichen Bedingungen ein traditionelles ökonometrisches Regressionsmodell aufzustellen, welches die Schätzung der uns interessierenden Parameter, des ATE und des ATT, erlaubt. Dazu wollen wir in einem ersten Schritt das tatsächlich beobachtete Ergebnis Y mit den potentiellen Ergebnissen Y^0 und Y^1 in Verbindung bringen. Dies lässt sich am einfachsten mit dem sogenannten *Switching Regression Model* erreichen, welches durch folgende Gleichung definiert wird:

$$Y_{it} := Y_{it}^0 + D_{it}(Y_{it}^1 - Y_{it}^0). \qquad (2.35)$$

Auf Grund der additiven Separabilitätsannahme können die beiden potentiellen Ergebnisse wie folgt geschrieben werden:

$$Y_{it}^{D_{it}} = E(Y_{it}^{D_{it}} \mid X_{it}) + U_{it}^{D_{it}}. \qquad (2.36)$$

Aus Notationsgründen wollen wir $E(Y_{it}^{D_{it}} \mid X_{it}) =: \mu_{it}^{D_{it}}$ setzen. Das *Switching Regression Model* schreibt sich somit

$$Y_{it} = \mu_{it}^0 + D_{it}(\mu_{it}^1 - \mu_{it}^0) + \{U_{it}^0 + D_{it}(U_{it}^1 - U_{it}^0)\}. \qquad (2.37)$$

Das beobachtete Resultat setzt sich also zusammen aus dem erwarteten Resultat ohne Programmteilnahme zuzüglich eines erwarteten Nettoerfolgs im Falle einer Programmteilnahme und eines additiven, für die traditionelle Ökonometrie unkonventionellen, nicht beobachtbaren Störterms. In der Paneldatenliteratur wird oft eine Linearitätsannahme getroffen:

$$\mu_{it}^{D_{it}} = X'_{it} \cdot \beta^{D_{it}} + \alpha \cdot D_{it}. \qquad (2.38)$$

Diese Annahme ist weniger restriktiv, als es auf den ersten Blick scheinen mag. Sie ist in der traditionellen Ökonometrie Standard und verlangt, dass der bedingte Erwartungswert *linear in den Parametern* (β, α) ist.[38] Mit der enormen Verbesserung der Rechnerleistung heutiger Computer ist die ökonometrische Literatur, welche sich mit nicht linearen funktionalen Formen beschäftigt, sehr schnell gewachsen, so dass heute zahlreiche Methoden vorliegen, mit denen diese Probleme nicht-linearer Regressionen elegant gelöst werden können.[39] Um die Notation nicht unnötig zu komplizieren, wird im Weiteren ohne Beschränkung der Allgemeinheit von einem linearen Zusammenhang ausgegangen. Es existiert zudem eine beträchtliche ökonometrische Literatur zu nicht parametrischen und semi-parametrischen Schätzverfahren, auf die ebenfalls nicht näher eingegangen werden kann.

In praktischen Anwendungen wird oft angenommen, dass $\beta^1 = \beta^0$ ist, d.h. man geht davon aus, dass sich das Programm nur linear auf das Ergebnis auswirkt. Wir wollen aber auch eine Auswirkung des Programms auf β zulassen und können das *Switching Regression Model* schreiben als

$$Y_{it} = X'_{it}\beta^0 + D_{it} \cdot (X'_{it}(\beta^1 - \beta^0)) + \{U_{it}^0 + D_{it}(U_{it}^1 - U_{it}^0)\}. \qquad (2.39)$$

Die folgenden Annahmen betreffen die funktionale Form des Störterms und sind fundamental für die Anwendbarkeit der im Weiteren diskutierten Panelschätzer.

Die erste Annahme, die wir analysieren wollen, ist die klassische Form des Störterms, so wie sie üblicherweise in der Literatur verwendet wird:

$$U_{it}^{D_{it}} = c_i + \omega_{it}, \qquad (2.40)$$

$$\text{mit} \quad E(c_i \mid X_{it}, D_{it}) \neq 0$$
$$E(\omega_{it} \mid X_{it}, D_{it}, c_i) = 0.$$

38 Das Zeichen «'» in der oberen Gleichung stellt den Operator dar, welcher Vektoren und Matrizen transponiert.

39 Eine Möglichkeit, eine nicht-lineare parametrische Regressionsgleichung zu schätzen, ist die Anwendung der *Maximum Likelihood* Methode.

Sie setzt voraus, dass sich der additive Störterm U_{it}^{Dit} weiter aus einem individuellen, nicht beobachtbaren und zeitinvarianten Term c_i und einem individuellen, sich über die Zeit verändernden Term ω_{it} zusammensetzt. Der individuelle Effekt c_i kann dabei sowohl mit X_{it} als auch mit D_{it} korreliert sein. Ersteres ist das klassische Problem, welches die traditionelle Paneldatenliteratur behandelt. Die Gültigkeit dieser Annahme entscheidet darüber, ob ein *Fixed Effects (FE)* oder ein *Random Effects (RE)* Schätzer zur Anwendung kommt.[40] Letzteres nennt man das Problem der Selektion auf Grund von nicht beobachtbaren Faktoren *(selection on unobservables)*. Dieses Problem ergibt sich durch die Anwendung der Paneldatenschätzer auf die Evaluationsliteratur. Die Annahme, dass $E(\omega_{it} \mid X_{it}, D_{it}, c_i) = 0$ ist, impliziert die Exogenität der Kontrollvariablen X_{it}. Ist dies nicht der Fall, müssen wir für die endogenen Variablen entsprechende Instrumentenvariablen finden. Ist dies unmöglich, brechen die Paneldatenschätzer zusammen. Aus diesem Grund ist die Annahme, dass die Kontrollvariablen X_{it} und die Selektionsvariable D_{it} nicht von individuellen, nicht beobachtbaren und über die Zeit variablen Faktoren abhängen, fundamental. Diese Exogenitätsannahme impliziert aber *nicht*, dass $E(U_{it}^{Dit} \mid X_{it}, D_{it}) = 0$ ist, da ja $E(c_i \mid X_{it}, D_{it}) \neq 0$. Im Unterschied zu den oben erläuterten Ansätzen, welche entweder eine Instrumentenvariablen-Annahme oder die Conditional Independence Assumption verwenden, wollen wir hier bewusst Korrelation zwischen der Selektionsvariablen D_{it} und dem nicht beobachtbaren Term U_{it} zulassen und aufzeigen, unter welchen Bedingungen man trotzdem die gewünschten Parameter aus dem dynamischen Datensatz schätzen kann. Wir verlangen lediglich, dass die Selektionsvariable keinen Erklärungsgehalt für die Kontrollvariablen aufweist, d.h. dass $F(X \mid D, Y) = F(X \mid Y)$ ist, wobei F der Verteilungsfunktion von X entspricht. Diese funktionale Form des Störterms ist sehr restriktiv, da sie impliziert, dass $U_{it}^1 = U_{it}^0$ ist. Trotzdem bildet sie den Ausgangspunkt für die Herleitung der beiden in der Literatur am Häufigsten verwendeten Schätzer, nämlich des *Fixed Effects* (FE) und des *First Differences* (FD) Schätzers.

40 Siehe dazu z.B. Küng (2004).

Das *Switching Regression Model* stellt immer noch keine Regressionsgleichung dar, da es aus zwei kontrafaktischen nicht beobachtbaren Termen zusammengesetzt ist. Wir müssen deshalb in einem zweiten Schritt die dynamische Struktur des Datensatzes ausnützen, um mit geeigneten Annahmen eine Regressionsgleichung herzuleiten. Wie oben bereits angesprochen, verlangt der Before-After Parameter, dass sich das (ökonomische) Umfeld in der Beobachtungszeit nicht verändert, was für sehr kontrollierte Experimente eine plausible Annahme wäre. Im Fall der Evaluation der kantonalen Wirtschaftsförderung scheint diese Hypothese aber wenig plausibel zu sein und man findet in der Literatur auch kaum Studien, welche explizit auf diesen Parameter abstützen. Wir wollen den BA-Parameter deshalb nicht weiter analysieren und zeigen stattdessen, wie zur Schätzung der gesuchten ATE- und ATT-Parameter die Annahmen des Difference-in-Differences Parameters ausgenutzt werden können. Mit p bezeichnen wir wiederum den Zeitpunkt des Programmstarts. Die beiden Schätzer unterscheiden sich durch die Art, wie sie die Daten transformieren.

Der *First Differences* (FD) Schätzer bildet, wie der Name schon sagt, zuerst die erste Differenz aller Daten, d. h.

$$\Delta Y_{it}, \Delta X_{it}, \Delta D_{it}, \Delta U_{it}, \tag{2.41}$$

wobei Δ den Differenzenoperator darstellt. Somit ist z. B. $\Delta Y_{it} = Y_{it} - Y_{it'}$ mit $t > t'$, wodurch man eine Beobachtungsperiode verliert. Auf diese transformierten Daten wird dann die Methode der kleinsten Quadrate angewendet, d. h. es wird der *ordinary least squares* (OLS) Schätzer berechnet und als FD-Schätzer bezeichnet.

Der *Fixed Effects (FE) Schätzer* führt zuerst folgende Datentransformation durch, welche als *time demeaning* oder auch *within transformation* bezeichnet wird:

$$\ddot{Y}_{it} := Y_{it} - \bar{Y}_i = Y_{it} - \frac{1}{T}\sum_{t=1}^{T} Y_{it}\,. \tag{2.42}$$

Die übrigen Daten werden analog transformiert. Der FE-Schätzer entspricht dann dem OLS-Schätzer, angewendet auf die Variablen $\ddot{Y}_{it}$, $\ddot{X}_{it}$, $\ddot{D}_{it}$ und $\ddot{U}_{it}$. Schauen wir uns zunächst den Fall $T = 2$ an, in welchem wir über je eine Beobachtung vor und nach dem Programmstart verfügen, d.h. $t > p > t'$. Man macht sich leicht klar, dass in diesem Fall der FD- und der FE-Schätzer zu demselben Ergebnis führen. Schauen wir uns an, was die Anwendung des Differenzenoperators auf die beiden Beobachtungsperioden bewirkt. Dazu notieren wir das *Switching Regression Model* für die beiden Zeitpunkte t und t'

$$\begin{aligned} Y_{it} &= E(Y_{it}^0 \mid X_{it}) + D_{it}\,[E\,(Y_{it}^1 - Y_{it}^0 \mid X_{it})] + \{U_{it}^0 + D_{it}\,(U_{it}^1 - U_{it}^0)\} \\ &= X_{it}'\beta^0 + D_{it}\,[X_{it}'\,(\beta^1 - \beta^0)] + \{U_{it}^0 + D_{it}\,(U_{it}^1 - U_{it}^0)\} \end{aligned} \tag{2.43}$$

und

$$\begin{aligned} Y_{it'} &= E(Y_{it'}^0 \mid X_{it'}) + U_{it'}^0 \\ &= X_{it'}'\beta^0 + U_{it'}^0 . \end{aligned} \tag{2.44}$$

Somit ergibt die erste Differenz

$$\begin{aligned} Y_{it} - Y_{it'} &= E(Y_{it}^0 \mid X_{it}) - E(Y_{it'}^0 \mid X_{it'}) + D_{it}\,\overbrace{[E(Y_{it}^1 - Y_{it}^0 \mid X_{it})]}^{=ATE} \\ &\quad + \{U_{it}^0 - U_{it'}^0 + D_{it}\,(U_{it}^1 - U_{it}^0)\} \\ &= X_{it}'\beta^0 - X_{it'}'\beta^0 + D_{it}\,[X_{it}'\,(\beta^1 - \beta^0)] \\ &\quad + \{U_{it}^0 - U_{it'}^0 + D_{it}\,(U_{it}^1 - U_{it}^0)\}. \end{aligned} \tag{2.45}$$

Wir wenden nun die obige Annahme von Seite 77 über die Form des Störterms U an – welche impliziert, dass $U_{it}^1 = U_{it}^0$ ist – und schreiben

$$\begin{aligned} \Delta Y_{it} &= \Delta E\,(Y_{it}^0 \mid X_{it}) + D_{it}\,[E\,(Y_{it}^1 - Y_{it}^0 \mid X_{it})] + \Delta U_{it}^0 \\ &= \Delta X_{it}'\beta^0 + D_{it}\,[X_{it}'\,(\beta^1 - \beta^0)] + \Delta\omega_{it} . \end{aligned} \tag{2.46}$$

Diese Gleichung entspricht jetzt einer traditionellen ökonometrischen Regressionsgleichung. Die üblichen Probleme wie z.B. Multikollinearität, Heteroskedastizität, Autokorrelation usw. können analysiert werden und führen gegebenenfalls zu einer Modifikation der entsprechenden Schätzer. Diese Probleme sollen hier nicht weiter diskutiert werden, und es sei auf die zahlreichen Standardlehrbücher verwiesen.

Wenn $T \geq 3$ ist, liefern der FD- und der FE-Schätzer im Allgemeinen nicht mehr dieselben Resultate. Der FE-Schätzer ist bei Annahme sphärischer Störterme, d.h. Störterme ohne Autokorrelation, effizient, wogegen der FD ein effizienter Schätzer bei Autokorrelation der Form eines *Random Walks* ist. Die Realität liegt oft irgendwo dazwischen und es muss von Fall zu Fall entschieden werden, welcher Schätzer vorzuziehen ist.[41] Ein guter Ansatz in der Praxis würde beide Schätzer berechnen und einen Test auf Autokorrelation durchführen. Wenn dieser negativ ausfällt und die Schätzer dennoch deutlich voneinander abweichen, ist dies ein Indiz für eine Modellmissspezifikation.[42]

Um den Zusammenhang dieses Modells zum Difference-in-Differences Parameter deutlicher herauszustreichen, schreiben wir die Regressionsgleichung nochmals in ihrer allgemeinen Form auf:

$$\begin{aligned} Y_{it} - Y_{it'} = {} & E(Y_{it}^0 \mid X_{it}) - E(Y_{it'}^0 \mid X_{it'}) + D_{it} \overbrace{[E(Y_{it}^1 - Y_{it}^0 \mid X_{it})]}^{=ATE} \\ & + \{U_{it}^0 - U_{it'}^0 + D_{it}(U_{it}^1 - U_{it}^0)\}. \end{aligned} \tag{2.47}$$

41 Eine gute Möglichkeit, die Schätzer in endlichen Samples zu vergleichen, besteht darin, Monte Carlo Simulationen mit verschiedenen Annahmen durchzuführen.

42 Zudem kann ein allgemeiner Hausman-Test auf der Basis dieser beiden Schätzer hergeleitet werden, welcher die Exogenitätsannahmen überprüft.

Wenn wir nun auf beiden Seiten den bedingten Erwartungswert anwenden und zur Vereinfachung $X := X_{it,t'}$ definieren, erhalten wir:

$$E(Y_{it} - Y_{it'} \mid X) = E(Y_{it}^0 - Y_{it'}^0 \mid X) + [E(Y_{it}^1 - Y_{it}^0 \mid X)]P[D_{it} = 1 \mid X] + \underbrace{E(U_{it}^0 - U_{it'}^0)}_{=0} + E(U_{it}^1 - U_{it}^0 \mid X)P[D_{it} = 1 \mid X] \tag{2.48}$$

$$= E(Y_{it}^0 - Y_{it'}^0 \mid X) + \overbrace{[E(Y_{it}^1 - Y_{it}^0 \mid X)]}^{=ATE}P[D_{it} = 1 \mid X] + E(U_{it}^1 - U_{it}^0 \mid X) \cdot P[D_{it} = 1 \mid X].$$

Die Bedingung für die Unverzerrtheit des Schätzers ist, vorausgesetzt $P[D_{it} = 1 \mid X] \neq 0$,[43] dass

$$E(U_{it}^1 - U_{it}^0 \mid X) = 0 \tag{2.49}$$

ist. Diese Bedingung ist trivialerweise erfüllt, wenn $U_{it}^1 = U_{it}^0$ ist, weshalb der FD- und der FE-Schätzer bei der obigen Standardannahme über die Form des Störterms unverzerrt sind. Im Weiteren werden wir untersuchen, welche anderen funktionalen Formen von $U_{it}^{D_{it}}$ ebenfalls mit dieser Bedingung verträglich sind. Wenn sie erfüllt ist, dann lässt sich der ATE-Parameter schreiben als

$$P[D_{it} = 1 \mid X] \cdot ATE = E(Y_{it} - Y_{it'} \mid X) - E(Y_{it}^0 - Y_{it'}^0 \mid X) = E(Y_{it}^1 - Y_{it'}^0 \mid X) \cdot P[D_{it} = 1 \mid X] + E(Y_{it}^0 - Y_{it'}^0 \mid X) \cdot P[D_{it} = 0 \mid X]$$

43 Hier sieht man, dass die Verletzung der *Common Support* Annahme weniger gravierend ist. Wenn $P[D_{it} = 1 \mid X] = 0$ für gewisse Werte von X, dann ist der Schätzer dennoch unverzerrt, da sich in diesem Fall die Verzerrung bei der Datentransformation aufhebt.

$$- E(Y^0_{it} - Y^0_{it'} \mid X) \cdot P[D_{it} = 1 \mid X]$$
$$- E(Y^0_{it} - Y^0_{it'} \mid X) \cdot P[D_{it} = 0 \mid X]$$

$$= \overbrace{[E(Y^1_{it} - Y^0_{it'} \mid X) - E(Y^0_{it} - Y^0_{it'} \mid X)]}^{=DD} \cdot P[D_{it} = 1 \mid X].$$

Diese Rechnung kann analog für den ATT-Parameter durchgeführt werden, und somit wird ersichtlich, dass die beiden Panelschätzer (FE und FD) tatsächlich die gewünschten Parameter (ATE respektive ATT) schätzen und zwar *mit Hilfe des Difference-in-Differences Ansatzes*. Es gelten deshalb dieselben Identifikationsannahmen wie für den DD-Parameter.

Die Annahme, dass $U^1_{it} = U^0_{it}$ ist, entspricht weniger der Realität und würde bedeuten, dass es keine (individuelle, nicht beobachtbare) Heterogenität zwischen den Programmteilnehmern und den Nichtteilnehmern in Reaktion auf das Programm gibt. Dies ist zwar eine hinreichende, jedoch keinesfalls eine notwendige Bedingung dafür, dass $E(U^1_{it} - U^0_{it} \mid X) = 0$ ist (respektive $E(U^1_{it} - U^0_{it} \mid X, D_{it} = 1) = 0$ im Falle des ATT-Parameters). Wir wollen nun individuelle Heterogenität auf Grund des Programms im Störterm zulassen, d.h. den allgemeineren Fall betrachten, in dem $U^1_{it} \neq U^0_{it}$ ist. Eine mögliche Lockerung der funktionalen Form des Störterms ist:

$$\begin{aligned} U^{D_{it}}_{it} = \; & c_i + D_{it} \cdot h_i + \omega_{it}, \\ mit \; & E(c_i \mid X_{it}, D_{it}) \neq 0 \\ & E(h_i \mid X_{it}, D_{it}) \neq 0 \\ & E(\omega_{it} \mid X_{it}, D_{it}, c_i, h_i) = 0. \end{aligned} \tag{2.50}$$

In diesem Fall ist $U^1_{it} - U^0_{it} = h_i$ und der *Average Treatment Effect* lässt sich schreiben als[44]

$$ATE = X'_{it} \cdot (\beta^1 - \beta^0) + \alpha + E(h_i). \tag{2.51}$$

44 Für die funktionale Form von $E(Y^{D_{it}}_{it} \mid X_{it})$ siehe Seite 76.

Es sind weitere Formen von heterogenen Störtermen denkbar, welche mit der Bedingung $E(U_{it}^1 - U_{it}^0 \mid X) = 0$ verträglich sind, wie z.B. die Annahme, dass sich das Programm auch auf den Trend in den nicht beobachtbaren Faktoren auswirkt. Zum Teil müssen die Daten dann mehrere Male transformiert werden, d.h. der Differenzenoperator ist mehrere Male anzuwenden, bis die Daten in der Form sind, in welcher der FD- oder FE-Schätzer unverzerrt berechnet werden kann. Solche Lockerungen der Annahmen können die Plausibilität des Modells enorm verbessern. Darauf wollen wir an dieser Stelle nicht weiter eingehen und verweisen auf die entsprechende Literatur, wie z.B. Wooldridge (2002), Kapitel 11 und 18. Was man sich jedoch merken sollte, ist die fundamentale Bedingung, welche für einen unverzerrten Paneldatenschätzer und somit für eine kausale Analyse notwendigerweise erfüllt sein muss, nämlich $E(U_{it}^1 - U_{it}^0 \mid X) = 0$.

Makroökonometrische Schätzmethoden

Unter makroökonometrischen Schätzmethoden sind diejenigen ökonometrischen Techniken zu verstehen, welche erstens auf aggregierten Variablen – also auf makro- bzw. mesoökonomischen Grössen – basieren und zweitens als Grundgesamtheit nicht Beobachtungen zu einem einzigen wirtschaftspolitischen Programm verwenden, sondern mehrere Programme untereinander gleichzeitig vergleichen.

Im Fall der kantonalen Wirtschaftsförderung bedeutet dies, dass die Grundgesamtheit aus den 26 Kantonen besteht und die verwendeten Variablen auf Kantonsebene aggregierte Grössen darstellen. Wie bereits in Abschnitt 2.3.2 erwähnt, wird damit der Effekt einer *durchschnittlichen* Wirtschaftsförderung ermittelt, was auf Grund der Verschiedenheit der Kantone und der grossen Heterogenität der eingesetzten Instrumente wenig sinnvoll erscheint. Den einzelnen Kantonen und den kantonalen Wirtschaftsförderern bringen deshalb mikroökonometrische Analysen mehr, da diese Auskunft über die Stärken und Schwächen der von ihnen eingesetzten spezifischen Instrumente geben, d.h. sie zeigen dem kantonalen Wirtschaftsförderer auf, wie sich *sein* Programm im Durchschnitt auf die Volkswirtschaft seines Kantons auswirkt.

Im Prinzip könnte man den direkten Einfluss *(impact)* der kantonalen Wirtschaftsförderung mit Hilfe eines Querschnittsdatensatzes eines einzigen Jahres *(cross-section)* untersuchen. Da man dabei jedoch nur über 26 Beobachtungen verfügt, sind auf dieser geringen Zahl basierende Schätzresultate wenig glaubwürdig. Deshalb werden bei makroökonomischen Schätzungen auf Kantonsebene zumeist Paneldatensätze verwendet. Das Problem der geringen Querschnittsbeobachtungen bleibt jedoch erhalten. Die traditionelle Paneldatenökonometrie leitet die asymptotischen Eigenschaften der Panelschätzer unter der Annahme her, dass die Zeitdimension t fixiert ist (d.h. $t = 1, \ldots, T$ und $T = const.$), jedoch die individuellen Querschnittsbeobachtungen gegen Unendlich streben (d.h. $i = 1, \ldots, n$ und $n \longrightarrow \infty$). Im Falle der kantonalen Wirtschaftsförderung wachsen jedoch weder der Zeithorizont T noch die Anzahl Querschnittsbeobachtungen n auch nur annähernd genügend stark an, um damit asymptotische Eigenschaften von Schätzern rechtfertigen zu können. Dieses Problem wird dadurch zusätzlich verschärft, dass eine (einigermassen) glaubwürdig spezifizierte Regression viele Kontrollvariablen verlangt, was zusätzliche Freiheitsgrade kostet, wodurch die Schätzungen weiter an Verlässlichkeit verlieren.

Im Folgenden wird kurz auf einige weitere Bedenken gegenüber makroökonometrischen Schätzverfahren näher eingegangen. Mit der bereits angesprochenen Heterogenität der kantonalen Wirtschaftsförderungen und der eingesetzten Instrumente stellt sich die Frage, wie dieser Mix von Mitteln operationalisiert werden kann und wie man bei der damit verbundenen Aggregation den individuellen Charakteristiken der Instrumentenausprägungen Rechnung tragen kann. Ein Vorteil der makroökonometrischen Schätzungen liegt darin, dass keine Selektionsverzerrungen auftreten, da mit den 26 Kantonen die volle statistische Grundgesamtheit beobachtet wird. Dieser Vorteil wird aber durch ein grosses Datenproblem überschattet, da im Prinzip bei allen relevanten Einflussgrössen geprüft werden muss, ob sie die Erfolgsvariable signifikant beeinflussen.[45] Dies ist bei den anderen ökonometrischen Schätzverfahren selbstverständlich eine ebenso notwendige Bedingung, um unverzerrte Resultate zu erhalten. Bei interkantonalen Vergleichen bzw. bei makroökonometrischen Untersuchungen ist der Komplexitätsgrad aber auf Grund der grösseren Zahl möglicher Einflussfaktoren bedeutend grösser als bei intrakantonalen mikroökonometrischen Analysen. Wie oben und v.a. in Kapitel 1 gezeigt wurde, ist selbst die Ebene des einzelnen Kantons immer noch sehr komplex. Zusammenfassend kann man also sagen, dass bei makroökonomischen Evaluationen von kantonalen Wirtschaftsförderungen die Probleme fehlender Freiheitsgrade und der Verzerrung der Schätzer auf Grund fehlender Variablen *(missing variables)* gegenüber dem Vorteil des Fehlens einer Selektionsverzerrung deutlich überwiegen.

Ein weiteres Problem im Zusammenhang mit Paneldaten ist die oft geringe (oder völlig fehlende) Varianz der Instrumente der kantonalen Wirtschaftsförderungen über die Zeit. Da, wie oben angesprochen, davon ausgegangen werden muss, dass nicht beobachtete und/oder nicht beobachtbare erklärende Variablen existieren, müssen diese – falls sie konstant sind über die Zeit – mit Hilfe der *First Differences* oder der *Fixed Effects* Methode beseitigt werden.[46] Dadurch werden aber auch die interessierenden Variablen, d.h. die Mittel der kantonalen Wirtschaftsförderung, eliminiert oder es tritt – falls diese Variablen lediglich ein wenig über die Zeit variieren – das Problem auf, dass die Kovarianzmatrix eine Kolonne enthält, welche annähernd aus lauter Nullen besteht. Als Folge davon wird das Inverse dieser Matrix sehr gross (im Sinne der Matrix-Algebra), was Probleme analog zum Fall von Multikollinearität nach sich zieht.[47]

45 Modelltheoretisch handelt es sich bei diesen Gleichungen um reduzierte Formen, wobei jedoch in den allermeisten Fällen die Strukturform des Modells auf Grund der hohen Komplexität nicht bekannt ist. Zu den Begriffen *reduzierte* und *Strukturform* eines Modells siehe u.a. Kleinewefers und Jans (1983).

46 Die Notwendigkeit einer solchen Methode kann mit einem Hausman-Test überprüft werden. Siehe dazu z.B. Küng (2004).

47 Zu den Folgen von Multikollinearität, siehe u.a. Greene (2003).

Abschliessend ist zu erwähnen, dass makroökonometrische Schätzungen auf aggregierten und somit konstruierten Daten basieren, im Gegensatz zu mikroökonometrischen Schätzungen, welche auf direkt beobachtbaren Individualdaten beruhen. Da der Ökonometriker in den meisten Fällen die Aggregation nicht selbst vornimmt, ist es für ihn schwierig, die Glaubwürdigkeit der Daten einzuschätzen.[48]

Zusammenfassend kann gesagt werden, dass die mikroökonometrischen Analysen den einzelnen kantonalen Wirtschaftsförderern von grösserem Nutzen sind als makroökonometrische Studien. Letztere können aber gerade bei langfristig angelegten Evaluationen und bei Untersuchungen der Effekte der kantonalen Wirtschaftsförderung auf aggregierte Variablen wie z. B. das Bruttoinlandsprodukt wertvoll sein. Auf Grund der oben aufgeführten Probleme können diese Analysen jedoch nur als erster Hinweis und daher als komplementär zu den mikroökonometrischen Evaluationen angesehen werden und nicht als deren Ersatz.

2.4.6 Analyse existierender Studien zur kantonalen Wirtschaftsförderung

In der empirischen Evaluation von Massnahmen der Wirtschaftsförderung wird meistens einer der oben genannten Schätzer oder eine Kombination davon angewendet. Im Folgenden werden einige ausländische Studien vorgestellt, welche die Wirtschaftsförderung oder ihr verwandte Bereiche empirisch analysieren. Die Auswahl ist subjektiv und erhebt keinen Anspruch auf Vollständigkeit. Ich habe mich auf diejenigen Studien beschränkt, welche aus meiner Sicht methodisch am Besten vorgegangen sind. Eine umfassendere Kritik erfolgt anschliessend in Abschnitt 2.5.

48 Bei Untersuchungen über die Effekte der kantonalen Wirtschaftsförderung gilt dies zum Beispiel für die Schätzungen der kantonalen Bruttoinlandprodukte durch das BAK, Basel.

Girma, Goerg und Strobl (2003)

Girma, Goerg und Strobl (2003) untersuchen den Einfluss von staatlichen Subventionen (governmental grants) in Irland auf die beiden Zielvariablen *Beschäftigung* respektive *Beschäftigungswachstum* und *Überlebenschance der Unternehmen.* Dazu stehen ihnen drei Datensätze zur Verfügung.

Der *Erste* beinhaltet jährliche Daten zu allen Unternehmen mit Sitz in Irland, welche ab 1972 Subventionen erhalten haben. Dieser wird von Forfás, dem irischen Departement für industrielle Entwicklung, Wissenschaft und Technologie, erhoben und unterscheidet u. a. zwischen den verschiedenen Formen von Subventionen, welche in drei Typen weiter unterteilt werden: (1) Kapital, Technologie und Forschungs- und Entwicklungssubventionen, (2) Beschäftigungs- und Ausbildungssubventionen sowie (3) eine Kategorie für alle übrigen Arten von Subventionen.

Der *zweite* Datensatz, der *Forfás Employment Survey*, wird ebenfalls von Forfás zur Verfügung gestellt und beinhaltet eine beinahe umfassende Übersicht über die Beschäftigungsentwicklung auf Unternehmensniveau seit 1972. Die daraus verwendeten Variablen sind die Nationalität der Unternehmensführung,[49] die Einteilung in Produktionssektoren und das Gründungsjahr. Die Rückmelderate beträgt nahezu 100%.

Der *dritte* Datensatz, der *Irish Economy Expenditure Survey* über die Periode von 1983 bis 1998, ist eine jährliche Befragung von grösseren Unternehmen mit mindestens 20 Angestellten. Er umfasst u. a. den Unternehmensumsatz (output), die Beschäftigung sowie die totale Lohnsumme. Die Rückmelderate beträgt dabei 60 bis 80%.

Diese drei Datensätze können durch den Umstand miteinander verknüpft werden, dass jedem Unternehmen eine eindeutige Identifikationsnummer zugeordnet wurde, wodurch man einen ausserordentlich detaillierten Paneldatensatz erhält. Bei der Verknüpfung der Daten re-

49 Dabei wird eine Aktiengesellschaft als ausländisch betrachtet, wenn sich mehr als 50% der Aktien im Besitz von Ausländern befinden.

duziert sich jedoch die Länge der Beobachtung auf die Periode von 1983 bis 1998 und umfasst nur noch Unternehmen mit mehr als 20 Angestellten. Die Informationen über die Subventionszuteilungen aus früheren Jahren können aber dennoch als «gelagte» Erklärungsvariablen benutzt werden.

Girma et al. (2003) verwenden eine Kombination des Difference-in-Differences und des Cross-Section Ansatzes, indem sie zuerst mit Hilfe der *propensity score* Methode eine adäquate Kontrollgruppe von Unternehmen bilden, welche keine Subventionen erhalten haben, und anschliessend mit diesen Daten eine *Fixed Effects* Schätzung durchführen. Dieses Vorgehen basiert auf der Arbeit von Blundell und Costa Dias (2000).

In einem ersten Schritt wird die bedingte Wahrscheinlichkeit, mit welcher ein Unternehmen – charakterisiert durch die Attribute X – Subventionen erhält, mit Hilfe eines Probit-Modells geschätzt. Mit diesem Vorgehen wird versucht, die Selektionsentscheidung des zuständigen Departements bzw. des zuständigen Wirtschaftsförderers sowie die Selbstselektion der Unternehmen zu modellieren. Die Probit-Gleichung lautet in diesem Fall

$$P[D_{it} = 1 | X_{it}] = \Phi(X'_{it}\delta), \qquad (2.52)$$

wobei Φ die kumulative Normalverteilungsfunktion und δ den Vektor der zu schätzenden Parameter darstellt. Als Resultat erhält man die geschätzte, bedingte Subventionierungswahrscheinlichkeit $\hat{P}_{it}$[50] des Unternehmens i zum Zeitpunkt t.

In einem zweiten Schritt wird für jedes Unternehmen i, welches zum Zeitpunkt t Subventionen erhält, eine Kontrollgruppe aus nicht subventionierten Unternehmen j gebildet. Dies geschieht mit Hilfe einer Spezialform der sogenannten *caliper matching method* nach dem folgenden Prinzip. Wir bezeichnen mit K_{it} die Menge der Kontrollunter-

50 $\hat{P}_{it} := \Phi(x'_{it}\hat{\delta})$, wobei $\hat{\delta}$ dem Probit-Schätzer entspricht.

nehmungen der subventionierten Unternehmung i und mit N die Menge der nicht subventionierten Unternehmen, dann ist $j \in K_{it}$, falls

$$\left|\hat{P}_{it} - \hat{P}_{jt}\right| = \min_{h \in N} \left\{\left|\hat{P}_{it} - \hat{P}_{ht}\right|\right\} \tag{2.53}$$

und

$$\left|\hat{P}_{it} - \hat{P}_{jt}\right| < \lambda, \tag{2.54}$$

wobei λ ein Toleranzparameter ist, welcher angibt, wie weit «entfernt» vom Unternehmen i die Unternehmen j in der Kontrollgruppe sein dürfen. Die Methode wählt also aus der Menge N der nicht subventionierten Unternehmen[51] diejenigen aus, deren minimaler Abstand vom subventionierten Unternehmen i – gemessen durch $\left|\hat{P}_{it} - \hat{P}_{ht}\right|$ – kleiner ist als die Fehlertoleranz λ.

In einem dritten Schritt wird für die so angeordneten Daten die Regressionsgleichung des Resultats Y *(outcome equation)* formuliert:

$$Y_{it} = \alpha \cdot D_{it} + X'_{it}\beta + (c_i + \omega_{it}), \tag{2.55}$$

falls Y dem (logarithmierten) Beschäftigungsniveau entspricht respektive

$$Y_{it} = Y_{0t} \cdot e^{\alpha \cdot D_{it} + X'_{it}\beta + U_{it}} \tag{2.56}$$

mit

$$Y_{0t} := Y_{it} \mid (X_{it}, D_{it} = 0),$$

falls Y die Überlebenswahrscheinlichkeit angibt. Letztere wird dabei durch eine parametrische *hazard function* – das sogenannte *Cox Proportional Hazard Model* – operationalisiert.[52] Die funktionale Form der

51 $N := \{h \in U \mid D_{ht} = 0\}$.

52 Der Vektor X der Kontrollvariablen enthält in beiden *outcome*-Gleichungen immer Zeit-Dummy-Variablen.

Beschäftigungsgleichung zeigt, dass die Autoren implizit von einer homogenen Reaktion auf die Subventionen ausgehen, denn der Störterm enthält nur einen *Fixed Effect* (c_i). Zudem nehmen sie an, dass $\beta^1 = \beta^0$ ist.

Zusammenfassend können wir festhalten, dass die verwendete funktionale Form ziemlich restriktiv ist. So wird zum einen angenommen, dass $\beta^1 = \beta^0$ ist und zum anderen, dass der Störterm U_{it} programmhomogen ist. Zudem orten die Autoren ein Endogenitätsproblem, da der logarithmierte Output in X enthalten und deshalb potentiell mit ω_{it} korreliert ist. Das Endogenitätsproblem resultiert in diesem Fall daraus, dass die Beschäftigungsgleichung nur eine Gleichung eines ganzen Systems simultaner Gleichungen ist. Mit anderen Worten: Die Beschäftigung bestimmt den Output und vice versa. Die Autoren begründen die Wahl des *Fixed Effects* Schätzers damit, dass sie das Endogenitätsproblem auf diese Art lösen wollen und führen an, dass der Spezifikations-Test – in diesem Fall der sogenannte Hausman-Test nach Hausman (1978) – für die Wahl des FE- und gegen den RE-Schätzer spricht. Dies ist aber methodisch falsch. Der Hausman-Test ist ein Endogenitäts-Test der Null-Hypothese, dass

$$E(c_i \mid X_{it}, D_{it}) = 0 \qquad (2.57)$$

ist. Diese Endogenität ist eine Form des *missing (relevant) variables* Problems. Das Endogenitätsproblem, welches aus dem Einfügen des Outputs als erklärende Variable resultiert, müsste durch den Instrumentenvariablen-Ansatz gelöst werden. Diese Art von Endogenität könnte ebenfalls mit einem Hausman-Test untersucht werden, jedoch in Bezug auf die Wahl zwischen dem *Ordinary Least Squares* (OLS) und dem *Instrumental Variable* (IV) (respektive *Two Stage Least Squares* (2SLS)) Schätzer.[53]

53 Für eine ausführlichere Diskussion dieser Spezifikationstests bei Paneldatenschätzern siehe Küng (2004).

Girma et al. (2003) fügen weiter an, dass sie die langfristigen Effekte der Subventionen auf die Zielvariablen dadurch untersuchen, dass sie die Subventionen aus den beiden Vorjahren ebenfalls in die Gleichung einfügen. Eine Dauer von lediglich drei Jahren würde ich hingegen aus ökonomischer Perspektive bestenfalls als *mittelfristig* bezeichnen. Die Autoren begründen die Zeitspanne von drei Jahren damit, dass sich der Effekt dieser zusätzlichen lags nicht mehr signifikant auf die Zielvariablen auswirkt. Die Interpretation liegt deshalb nahe, dass diese Programme eben *keine* langfristigen (positiven) Effekte aufweisen.

Nach dieser kurzen Analyse und Kritik des Modells von Girma et al. (2003) wollen wir abschliessend ihre Ergebnisse zusammenfassen. Die Autoren gelangen in ihrer Studie zum Schluss, dass sich die Subventionen positiv auswirken und zwar sowohl auf die Überlebenswahrscheinlichkeit als auch auf die Beschäftigung der subventionierten Unternehmen. Der Erfolg hängt dabei aber auch von der Art der Subventionen sowie von den Charakteristika der unterstützten Unternehmungen ab. Die Wahrscheinlichkeit, dass ein subventioniertes Unternehmen zu existieren aufhört oder das Land verlässt, beträgt dabei etwa ein Drittel eines vergleichbaren, nicht subventionierten Unternehmens. Die Auswirkung auf die Beschäftigung bzw. das Beschäftigungswachstum in einer Unternehmung ist dagegen weniger eindeutig. So verursachen im Durchschnitt Beschäftigungssubventionen bei ausländischen (resp. inländischen) Unternehmen eine Zunahme der Beschäftigung um 1.2% (resp. 2.5%) und eine Erhöhung der Subventionen um 1% bewirkt ein Beschäftigungswachstum von 0.3% (resp. 0.5%). Die Schätzungen für die Kapitalsubventionen ergeben 6.5% (resp. 5%) für die Beschäftigung und 1% (resp. 0.9%) für das Beschäftigungswachstum. Bei der Kategorie von Subventionen, welche alle anderen Subventionstypen zusammenfasst, ergibt sich ein erstaunliches Bild. Die Beschäftigung geht um 0.9% zurück (resp. nimmt um 2% zu) und das Beschäftigungswachstum nimmt um 0.3% ab (resp. um 0.4% zu), wenn diese Subventionen um 1% erhöht werden.

Kangasharju und Venetoklis (2002)

Kangasharju und Venetoklis (2002) untersuchen den Effekt sowohl von Beschäftigungs- als auch von Investitionssubventionen auf die Beschäftigung in der finnischen Volkswirtschaft. Dazu verwenden die Autoren einen Paneldatensatz von jährlich 26000 Firmen für die Jahre 1995 bis 1998. Diese Daten werden von der finnischen Steuerbehörde erhoben und sind in dieser detaillierten Form in anderen Ländern zurzeit leider (noch) rar. Im Unterschied zu anderen Studien müssen sich die Autoren aus datentechnischen Gründen nicht auf Unternehmen aus dem zweiten Sektor beschränken, sondern verfügen auch über Informationen zu Unternehmen aus dem dritten Sektor.

Kangasharju und Venetoklis (2002) schätzen den *Average Treatment on the Treated* (ATT) Parameter mit Hilfe des Difference-in-Differences Ansatzes, indem sie (beobachtbare) Variablen in die Regressionsgleichung *(outcome equation)* einfügen, welche mit der Selektionsvariablen D korreliert sind, d.h. Variablen, welche die Selektionsentscheidung erklären können. Die Autoren bemerken zu recht, dass der RE-Schätzer die adäquate Wahl darstellen würde, falls die Selektionsentscheidung ausschliesslich durch diese Variablen erklärt werden könnte *(selection on observables)*. Kangasharju und Venetoklis (2002) gehen jedoch davon aus, dass auch nicht beobachtbare, zeitinvariante Faktoren den Selektionsprozess beeinflussen können *(selection on unobservables)*. Um diesem Umstand Rechnung zu tragen, entscheiden sie sich für den FE-Schätzer.[54]

Wie Girma et al. (2003) treffen auch Kangasharju und Venetoklis (2002) die Annahme, dass $\beta^1 = \beta^0$ ist, d.h. dass sich die Subventionen nur *linear* auf die Beschäftigungsentwicklung der subventionierten Unternehmen auswirken. Zudem gehen auch sie mit der von ihnen gewählten funktionalen Form des Störterms davon aus, dass die Reaktion der geförderten Unternehmen auf die Subventionen homogen

54 Ein Hausman-Test wäre hier angebracht, um zwischen dem RE- und dem FE-Schätzer wählen zu können. Siehe dazu u.a. Küng (2004).

ist. Mit dieser Vereinfachung lässt sich die Regressionsgleichung schreiben als:

$$Y_{it} = X'_{it} \cdot \beta + \alpha \cdot D_{it} + (c_i + \omega_{it}), \qquad (2.58)$$

wobei der Vektor X_{it} der Kontrollvariablen auch Dummy-Variablen für die Zeitperioden enthält. Die Beschäftigung Y operationalisieren die Autoren auf zwei Arten: erstens mit der Anzahl Stellenprozente und zweitens mit der ausgewiesenen Lohnsumme. Die Kontrollvariablen umfassen den Bruttoprofit, den Umsatz, den Fixkostenanteil sowie Dummy-Variablen für 20 verschiedene finnische Sektoren bzw. Branchen.

Das Vorgehen von Kangasharju und Venetoklis (2002) wird sehr detailliert beschrieben und ist dadurch transparent. Zudem werden die einzelnen Schritte, die Auswahl der Schätzmethoden sowie die definitiv verwendete Grundgesamtheit der Firmen überzeugend begründet. Aus rein *methodischer Sicht* bietet diese Studie deshalb eine zuverlässige Schätzung des *kurzfristigen* ATT-Effekts finnischer Subventionen auf die geförderten Unternehmen.

Kangasharju und Venetoklis (2002) kommen zum Schluss, dass die Subventionen auch in der zweiten Periode signifikanten Einfluss auf die Beschäftigung ausüben. Dies zeigt einmal mehr die Notwendigkeit auf, in zukünftigen Studien längere Paneldatensätze zu verwenden, um ein besseres Bild des tatsächlichen Effekts zu erhalten. Die Resultate der Schätzungen zeigen, dass die Beschäftigungssubventionen die Lohnsumme durchschnittlich um 34 % steigern. Da die Unternehmen im Mittel jedoch 60 % der Kosten eines subventionierten Arbeitsplatzes selbst bezahlen müssen, bedeutet dieses Ergebnis, dass die Beschäftigungssubventionen einen Teil der (auch ohne Subventionen) geplanten Beschäftigung verdrängen *(substitution effect)*. Die so eingesparten Mittel werden innerhalb der Firma für andere Zwecke verwendet. Kangasharju und Venetoklis (2003) dehnen diese Analyse aus und gelangen zum Schluss, dass die subventionierten Unternehmen den nicht subventionierten nicht direkt schaden, d.h. die subventionierten Firmen beschäftigen im Durchschnitt *zusätzliche* Personen und nicht Arbeiter aus nicht subventionierten Unternehmen *(no displacement effect)*.

Der Effekt dieser Beschäftigungssubventionen fällt mit 34% zusätzlich ausgelösten Beschäftigungsinvestitionen ziemlich mild aus. Da der durchschnittliche Jahreslohn ca. € 20700 beträgt, benötigt man € 15400 pro Jahr, um einen zusätzlichen Arbeitsplatz zu schaffen bzw. zu erhalten. Noch kleiner ist der Effekt der Investitionssubventionen, welche eine Zunahme der Beschäftigung von lediglich 5% auslösen.

Bergström (2000)

Bergström (2000) untersucht die Auswirkungen von Kapitalsubventionen auf das Umsatzwachstum und die Produktivität von Unternehmen in Schweden in der Periode von 1987 bis 1993. Die Steigerung der Beschäftigung und die Förderung des Wirtschaftswachstums in den rückständigen Regionen im Norden Schwedens bilden die beiden Hauptziele dieser staatlichen Unterstützung. Bei den untersuchten Subventionen handelt es sich um selektiv an einzelne Firmen vergebene Beiträge. Dabei werden die Kapitalkosten für Investitionen[55] zu maximal 40% von der Öffentlichkeit mitgetragen.

Subventionen können sich in zweierlei Hinsicht auf das Umsatzwachstum einer Firma auswirken. Einerseits kann ein erhöhter Ausstoss dadurch entstehen, dass mehr Produktionsfaktoren eingesetzt werden. Dieser Effekt wird in der Literatur als *extensives* Wachstum bezeichnet. Andererseits kann Wachstum aber auch durch technischen Fortschritt, d.h. durch eine erhöhte Produktivität, erreicht werden. Dieses sogenannte *intensive* Wachstum bedeutet, dass der Output gesteigert werden kann, ohne dass dabei die Inputs vergrössert werden müssen. Bergström (2000) versucht mit Hilfe eines Paneldatensatzes diese bei-

55 Dabei handelt es sich v.a. um Bau- und Maschineninvestitionen. Die Firmen müssen zudem einen Businessplan für die Verwendung der Mittel vorlegen, der die Rentabilität aufzeigen sowie Auskunft über die Beschäftigungswirkung der Projekte geben soll.

den Effekte von Kapitalsubventionen auf das Wachstum zu trennen, um letzteres genauer untersuchen zu können. Die Kontrollgruppe der Unternehmen, die keine Subventionen erhalten, ist eine Zufallsstichprobe aus der Grundgesamtheit aller nicht subventionierten Firmen Schwedens.

Der Autor untersucht in einem ersten Schritt, ob die Gruppe der subventionierten Unternehmen eine Zufallsstichprobe bilden. Dazu schätzt er mit Hilfe einer Logit-Regression dieWahrscheinlichkeit einer Firma, dass sie vom Staat Subventionen erhält. Bergström (2000) gelangt zum Schluss, dass diese Variablen den Selektionsprozess nur sehr beschränkt erklären können und folgert, dass somit keine relevante Selektionsverzerrung vorliegt. Ein methodisch saubereres Vorgehen würde die Informationen aus der Logit-Selektionsgleichung durch den von Heckman (1979) beschriebenen zweistufigen Prozess in die nachfolgende Ergebnisgleichung – in diesem Fall der Wachstumsregression – einfügen, um so die (mögliche) Selektionsverzerrung zu korrigieren.

Ein weiteres ökonometrisches Problem stellt die potentielle Multikollinearität zwischen den verschiedenen Regressoren dar. So zeigt Bergström (2000) zwar anhand einer (einfachen) Korrelationsmatrix, dass die Subventionen mit zwei weiteren erklärenden Variablen – dem Wachstum des Arbeitseinsatzes sowie dem Wachstum des Kapitalaufwandes – korreliert sind, doch wird in der Studie auf die möglichen Konsequenzen nicht weiter eingegangen.

Trotz diesen methodischen Schwächen ist die Studie von Interesse, da sie die Auswirkungen der Subventionen nicht nur auf das Umsatzwachstum sondern auch auf die Produktivität untersucht. Bergström (2000) zeigt, dass sich die Subventionen zwar positiv auf das Umsatzwachstum auswirken, jedoch nicht auf die Produktivität. Somit ist das verursachte Wachstum lediglich extensiver Natur. Der Effekt auf die Produktivität ist einzig im ersten Jahr leicht positiv, wird in den folgenden Jahren jedoch negativ. Der Autor erklärt diesen negativen Effekt einerseits mit einer induzierten Allokationsineffizienz bei der Wahl des Mixes zwischen Arbeit und Kapital, andererseits mit Ineffizienzen, welche dadurch entstehen, dass die zusätzlichen Mittel für das Management Anreize schaffen, ihre Ressourcen vermehrt für *rent-seeking* einzusetzen oder notwendige Restrukturierungsentscheidungen hinauszuzögern.[56]

Bergström (2000) zeigt zudem, dass es sich bei dieser Studie klar um eine Partialanalyse handelt. Da die Finanzierungsseite sowie die indirekten Programmeffekte ausgeklammert werden, verzichtet er zu Recht auf eine Effizienzaussage, welche auf Grund der schon negativen direkten Effekte eher noch negativer ausfallen dürfte.

Roper und Hewitt-Dundas (2001)

Roper und Hewitt-Dundas (2001) untersuchen anhand eines auf Interviews mit kleinen und mittleren Unternehmen (KMU)[57] in Irland und Nordirland basierenden Datensatzes von 1995 den Einfluss von staatlichen KMU-Förderprogrammen *(small business support)*. Die Unterstützungen sind vielfältiger Natur und umfassen u. a. Beratungsdienstleistungen, Informationsbereitstellung, Kapitalsubventionen, Zinsvergütungen sowie Darlehen.

Der Erfolg der Programme wird anhand der Ergebnisvariablen Umsatz-, Beschäftigungs- und Profitwachstum für Irland und Nordirland getrennt voneinander gemessen. In dieser sehr sorgfältig ausgeführten Studie unterscheiden Roper und Hewitt-Dundas (2001) den Selektions- vom Programmeffekt, indem sie die zweistufige Schätzprozedur von Heckman (1979) anwenden. Dabei wird zuerst mit Hilfe einer Probit-Regression die Selektionswahrscheinlichkeit geschätzt, d. h.

$$P[D_i = 1 | Z_i] = \Phi(Z_i' \delta), \tag{2.59}$$

wobei Φ die kumulative Normalverteilungsfunktion, Z_i einen Vektor von (potentiellen) Selektionsvariablen und δ einen Vektor von zu schät-

56 Auf die Auswirkungen selektiver Wirtschaftsförderungen auf die Anreizstrukturen der Marktteilnehmer wird in Abschnitt 2.5.5 noch näher eingegangen.

57 Die Autoren definieren KMU *(small firms)* als Firmen, welche zwischen 10 und 100 Angestellte aufweisen.

zenden Parametern darstellen. Anschliessend wird für jede Unternehmung i das sogenannte *inverse Mills Verhältnis* berechnet, welches definiert ist als

$$\lambda_i \equiv \lambda(Z_i'\hat{\delta}) = \frac{\varphi(Z_i'\hat{\delta})}{\Phi(Z_i'\hat{\delta})}, \tag{2.60}$$

wobei $\hat{\delta}$ der (mit Hilfe der Maximum Likelihood Methode) geschätzte Parametervektor der Probit-Regression ist und φ die Dichtefunktion einer normalverteilten Zufallsvariablen darstellt. Heckman (1979) hat gezeigt, dass diese zusätzliche Variable λ_i unter der Voraussetzung normalverteilter Störterme den Selektionseffekt korrekt wiedergibt. In einem zweiten Schritt wird deshalb dieses *inverse Mills Verhältnis* in die Ergebnisgleichung eingesetzt, welche sich schreiben lässt als

$$Y_i = \alpha \cdot D_i + X_i'\beta + \lambda_i \cdot \gamma + U_i \,. \tag{2.61}$$

X_i entspricht dabei dem Vektor der Kontrollvariablen. Dieses von Heckman (1979) vorgeschlagene zweistufige Verfahren liefert einen konsistenten, aber leider nicht effizienten Schätzer. Deshalb wird in der Praxis die Maximum Likelihood Schätzmethode verwendet, welche zu einem effizienten Schätzer führt.

Roper und Hewitt-Dundas (2001) gelangen zum Schluss, dass die staatlichen Programme keinen (statistisch) signifikanten Einfluss auf das Umsatz- und das Profitwachstum der unterstützten Firmen ausüben. Das Irische Programm hatte aber einen leicht positiven und schwach signifikanten Einfluss auf das Beschäftigungswachstum von 0.11 %. Das nordirische Programm hingegen erhöhte das Beschäftigungswachstum sogar signifikant um 0.2 %. Gleichzeitig ist der Selektionsparameter – das *inverse Mills Verhältnis* – lediglich in dieser Regressionsgleichung signifikant verschieden von Null und lässt deshalb vermuten, dass die staatliche Unterstützung gezielt Unternehmen zugute kam, die ohne diese Hilfe ein unterdurchschnittliches Beschäftigungswachstum aufgewiesen hätten. Um diese Vermutung genauer zu testen, schätzen Roper und Hewitt-Dundas (2001) für Nordirland zusätzlich den Programmeffekt auf die Arbeitsproduktivität, d.h. auf den Umsatz pro Mitarbeiter. Die Autoren finden dabei einen signifikant positiven Selektionsprozess, was bedeutet, dass Firmen den Zuspruch erhielten, die eine überdurchschnittliche Arbeitsproduktivität aufwiesen. Gleichzeitig hatte das Programm aber das Produktivitätswachstum der unterstützten Firmen um 0.15% vermindert, was auf durch das Programm verursachte Allokationsineffizienzen schliessen lässt. Die Autoren fassen deshalb ihre Resultate wie folgt zusammen (S. 99):

> Grant aid had no effect on either the turnover growth or profitability of small business in either area. It did, however, boost employment growth. This is good-news for job creation but has potentially worrying implications for firms' longer-term competitive position through its negative effect on productivity.

Die einzige erkennbare Schwäche dieser Studie besteht – wie die Autoren selbst eingestehen – darin, dass auf Grund fehlender Daten nur eine Querschnittsanalyse für das Jahr 1995 vorgenommen werden konnte.

Bondonio (2001)

Bondonio (2001) untersucht die *Enterprise Zone* Programme zur Förderung wirtschaftlich rückständiger Gebiete in den fünf Bundesstaaten California, Kentucky, New York, Pennsylvania und Virginia.[58] Da die in den einzelnen Staaten geförderten Gebiete bzw. Regionen ökonomisch rückständig sind, ist die Stichprobe nicht zufällig *(non random sample)*, was eine Selektionsverzerrung verursachen kann. Diese potentielle Verzerrung wird in einem ersten Schritt dadurch korrigiert, dass mit Hilfe einer Probit-Gleichung die Wahrscheinlichkeit geschätzt wird, mit welcher eine Region in das Programm aufgenommen und damit

58 In der Schweiz ist der Bundesbeschluss zu Gunsten wirtschaftlicher Erneuerungsgebiete – der sogenannte Bonny Beschluss – ein ähnliches Programm, welches v.a. auf einzelbetrieblichen Förderungen sowie – in geringerem Masse – auf überbetrieblichen Massnahmen basiert.

gefördert wird. Diese geschätzte Wahrscheinlichkeit wird anschliessend in die Ergebnisregression als zusätzliche Variable eingesetzt, welche den Selektionseffekt erklären soll.

Der Autor operationalisiert die Erfolgsvariable Y mit den drei Grössen Beschäftigung, Unternehmensumsatz und Investitionen in neue Gebäude, Anlagen und Maschinen. Für alle drei Erfolgsmasse führt Bondonio (2001) eine auf firmenspezifischen Paneldaten basierende Regression durch, welche auf den drei Teilpopulationen der entstehenden, bestehenden und vergehenden Unternehmen beruhen.[59] Entstehende Unternehmungen sind solche, die in der Periode t' vor Programmbeginn p noch keine Beschäftigung aufweisen ($t' < p$), also erst während der Programmperiode gegründet werden. Bestehende Unternehmen weisen in beiden Perioden eine positive Beschäftigung aus und vergehende Unternehmen geben in der Periode t nach Programmstart ($t > p$) keine Beschäftigung mehr an. Diese Firmendaten werden anschliessend zu regionalen Grössen aggregiert.

Die ökonometrische Vorgehensweise ist derjenigen von Girma et al. (2003) ähnlich, da der *Difference-in-Differences* (Verwendung von Paneldaten) mit dem *Cross-Section* Parameter (Schätzung des *propensity scores*) kombiniert wird. Im Unterschied zu Girma et al. (2003) verwendet Bondonio (2001) die geschätzte Selektionswahrscheinlichkeit nicht zur Bildung einer Vergleichsgruppe von Unternehmen, sondern fügt diese Schätzungen direkt in die Ergebnisgleichung ein. Dieses unterschiedliche Vorgehen resultiert daraus, dass Girma et al. (2003) eine mikroökonometrische Analyse, Bondonio (2001) hingegen eine makroökonometrische Studie mit aggregierten Daten durchführt. Bondonio (2001) kommt zum Schluss, dass solche Programme erfolgreich Arbeits-

59 In der Studie wird nicht klar, weshalb der Autor nicht zuerst das ganze Sample verwendet, bevor er Teilpopulationen bildet. Dies ist insbesondere deshalb erstaunlich, da Bondonio (2001) über einen mikroökonomischen Datensatz verfügt, womit man in einem ersten Schritt mikroökonometrische Schätzmethoden auf die ganze Stichprobe anwenden könnte, bevor man die Daten auf Gemeindeebene aggregiert, um interstaatliche Vergleiche vornehmen zu können.

plätze in entstehenden Unternehmen schaffen sowie deren Investitionen und Umsatz steigern. Demgegenüber scheint das Programm keinen signifikanten Einfluss auf bestehende und vergehende Unternehmen auszuüben. Zu ähnlichen Ergebnissen gelangen auch andere Studien zu *Enterprise Zone Programs*, auf welche hier nicht weiter eingegangen werden kann. Bondonio (2001) findet zudem Unterstützung für die Hypothese, dass Instrumente, welche die Beschäftigung *direkt* fördern, einen grösseren Einfluss auf die Gesamtbeschäftigung haben als Kapitalsubventionen. Dies ist darauf zurückzuführen, dass bei Kapitalsubventionen die Kapitalkosten relativ zu den Lohnkosten sinken, was eine Substitution im Produktionsprozess von Arbeit hin zu mehr Kapital zur Folge hat.

Bondonio und Engberg (2000)

Bondonio und Engberg (2000) untersuchen dieselbe Grundgesamtheit wie Bondonio (2001), indem sie in den fünf Bundesstaaten California, Kentucky, New York, Pennsylvania und Virginia den Effekt der *Enterprise Zones* auf die (aggregierte) Beschäftigungsentwicklung analysieren. Die Studie unterscheidet sich von derjenigen von Bondonio (2001) darin, dass die Autoren erstens lediglich ein Erfolgsmass – die Beschäftigung – zur Evaluierung heranziehen und zweitens unterschiedliche Schätzmethoden verwenden. Bondonio und Engberg (2000) wenden zwei ökonometrische Ansätze an.

Die erste Schätzung ist das *Random Growth Rate Model* von Heckman und Hotz (1989), welches sowohl Niveaueffekte als auch Auswirkungen auf das Wachstum der Beschäftigung innerhalb der *Enterprise Zones* zulässt. Die Gleichung bzw. das statistische Modell lässt sich in diesem Fall schreiben als

$$Y_{it} = D_{it} \cdot \alpha + X'_{it}\beta + \lambda_t + c_i + t \cdot \gamma_i + \varepsilon_{it}, \qquad (2.62)$$

wobei c_i den *Enterprise Zone* spezifischen *Fixed Effect*, γ_i den Koeffizienten des entsprechenden Wachstumseffekts und λ_t einen aggregierten Trend widerspiegeln.

Auf diese Gleichung wird in einem ersten Schritt der Differenzenoperator angewendet, um den *Fixed Effect* c_i zu eliminieren, welcher möglicherweise mit dem nicht beobachtbaren Störterm korreliert ist. Dies führt zu folgender Regressionsgleichung:

$$\Delta Y_{it} = \Delta D_{it} \cdot \alpha + \Delta X'_{it}\beta + \Delta\lambda_t + \gamma_i + \Delta\varepsilon_{it}. \tag{2.63}$$

Um den individuellen Wachstumseffekt γ_i, welcher möglicherweise ebenfalls mit dem Störterm korreliert ist, zu eliminieren, wird auf diese Gleichung die *Fixed Effects* Methode angewendet.

Die zweite Schätzung benutzt den *propensity score* Ansatz und ist eng mit der oben beschriebenen zweistufigen Methode von Heckman (1979) verwandt. In einem ersten Schritt wird mit Hilfe einer Probit-Regression die bedingte Wahrscheinlichkeit *(propensity score)* $\hat{P}_{it}$ geschätzt, mit welcher eine Gemeinde *i* in das *Enterprise Zone* Programm aufgenommen wird. Im Unterschied zur Methode von Heckman (1979) wird nun nicht das *inverse Mills Verhältnis* in die Ergebnisgleichung eingesetzt, sondern eine lineare Funktion dieses *propensity scores* $\hat{P}_{it}$, nämlich

$$\gamma_i = \gamma_j + \hat{P}_{it} \cdot \varphi + \nu_i, \tag{2.64}$$

wobei γ_j eine bundesstaatsspezifische Konstante (bzw. Achsenabschnitt) und ν_i ein *Enterprise Zone Fixed Effect* ist.[60] Die Regressionsgleichung für diesen *propensity score* Ansatz lässt sich somit schreiben als

$$Y_{it} = \gamma_j + D_{it} \cdot \alpha + X'_{it}\beta + \lambda_t + \hat{P}_{it} \cdot \varphi + \nu_i + \varepsilon_{it}. \tag{2.65}$$

Im Unterschied zum Vorgehen von Heckman (1979) muss man bei diesem Ansatz keine Annahmen über die gemeinsame Verteilungsfunktion der Störterme der Selektions- (Probit-Regression) und der Ergebnisgleichung *(outcome equation)* treffen.

60 Um mit der ersten Schätzung konsistent zu sein, müssten die Autoren hier auch einen Interaktionsterm mit der Zeit *t* einschliessen.

Die Autoren nehmen weiter an, dass v_i mit den anderen erklärenden Variablen unkorreliert ist, womit die Konsistenz und Effizienz des OLS- bzw. GLS-Schätzers garantiert sind.

Beide Schätzansätze führen zum Ergebnis, dass die *Enterprise Zone Programs* keinen signifikanten Einfluss auf das Beschäftigungsniveau und -wachstum ausgeübt haben. Dieses ernüchternde Resultat hält auch abschliessenden Sensitivitätstests stand.

Boarnet und Bogart (1996)

Boarnet und Bogart (1996) untersuchen das *Enterprise Zone Program* des US Bundesstaates New Jersey zwischen 1982 und 1990. Ziel dieses Programms ist es, ökonomisch rückständige Gebiete innerhalb New Jerseys dadurch zu fördern, dass diese Gebiete v. a. mit Hilfe von Steuererleichterungen Unternehmen anziehen. Um den Einfluss dieses Programms auf die Beschäftigung innerhalb jener Gebiete zu analysieren, verwenden die Autoren einen Paneldatensatz mit den Gemeinden New Jerseys *(municipalities)* als Beobachtungseinheiten. Boarnet und Bogart (1996) schätzen dazu drei verschiedene Ansätze.

In einer ersten Schätzung stellen sie die folgende simple Gleichung auf:

$$Y_{it} = D_{it} \cdot \alpha + t \cdot \beta + c_i + \varepsilon_{it}. \tag{2.66}$$

Dabei wird mit Ausnahme der gemeinsamen Trends (β) und zeitinvarianter individueller Effekte (c_i) für keine andere Einflussgrösse kontrolliert, was die Schätzresultate wenig glaubwürdig erscheinen lässt. Auf diese Gleichung wenden die Autoren die oben beschriebene Methode der *First Differences* an, um den *Fixed Effect* c_i zu beseitigen.

In einer zweiten Schätzung arbeiten Boarnet und Bogart (1996) mit dem *Random Growth Rate Model* von Heckman und Hotz (1989), indem sie eine individuelle Wachstumsrate β_i in die Gleichung integrieren:

$$Y_{it} = D_{it} \cdot \alpha + t \cdot \beta_i + c_i + \varepsilon_{it}. \tag{2.67}$$

Auf diese Gleichung wird wiederum zuerst der Differenzenoperator und anschliessend die *Fixed Effects* Methode angewendet, um sowohl c_i als auch β_i zu eliminieren.

In einer dritten Schätzung benutzen die Autoren schliesslich die bereits beschriebene zweistufige Methode von Heckman (1979).

Boarnet und Bogart (1996) gelangen zum Schluss, dass das *Enterprise Zone Program* in keinem der drei Schätzansätzen einen statistisch signifikanten Einfluss auf die Beschäftigung ausgeübt hat. Wie bereits erwähnt wurde, sind diese Schätzresultate jedoch mit Vorsicht zu interpretieren, da nur für sehr wenige Einflussfaktoren kontrolliert wurde. Dementsprechend klein ist auch der ausgewiesene Erklärungsgehalt der Regressionen, das sogenannte R^2.

2.5 Effizienzkontrolle

2.5.1 Was ist eine Effizienzkontrolle?

Die Effizienzkontrolle, von manchen Autoren auch Wirtschaftlichkeitskontrolle genannt, ist die letzte und zugleich anspruchsvollste Stufe der Erfolgskontrolle. Anspruchsvoll ist sie deshalb, weil man für eine abschliessende und alles umfassende Effizienzkontrolle nicht nur die direkten Effekte einbeziehen muss, sondern auch die erwünschten und unerwünschten Nebeneffekte und von beiden sowohl die Nah- als auch die Fernwirkungen. Im Allgemeinen stimmen die Kosten nicht mit den finanziellen Ausgaben und der Nutzen nicht mehr mit den direkten Effekten auf die Zielvariablen überein. Dieser Umstand verlangt theoretisch vollständiges Wissen über die kantonale Wirtschaft und auf Grund der Interdependenz dieser kleinen, offenen Volkswirtschaft auch grosses Wissen über das nationale und internationale Wirtschaftssystem. Aus modelltheoretischer Sicht wäre also ein Strukturmodell von Nöten, welches die kantonale Wirtschaft sowohl in der Gegenwart als auch in der Zukunft hinreichend abbildet. Erst ein solches ideales Modell würde uns eine abschliessende Antwort auf die Effizienzfrage erlauben, wobei damit die in 1.2 auf Seite 16 durch die Pfeile 2 und 3 dargestellten Probleme der individuellen Nutzen- und gesellschaftlichen Wohlfahrtsanalyse noch nicht gelöst sind. Ein umfassendes Strukturmodell würde uns «lediglich» das korrekte Ausmass der Haupt- und Nebenwirkungen der kantonalen Wirtschaftsförderung (Pfeil 1), d.h. die *vollständige* kausale Wirkung, aufzeigen. Weil aber eine solche Analyse aus theoretischer und praktischer Sicht unmöglich ist, stellt sich die Frage, welche second-best Lösung existiert.

In einem ersten Schritt können die Ziele einzeln analysiert werden, womit die gesamtwirtschaftliche Zielinterdependenz vernachlässigt wird. In einem zweiten Schritt können in einer groben Cost-Benefit Analyse die möglichen volkswirtschaftlichen Kosten dem direkten Nutzen gegenübergestellt werden. In einem dritten Schritt wird dann versucht, sich so gut wie möglich an das oben angesprochene, ideale Strukturmodell anzunähern. Erst der letzte Schritt würde eine Effizienzkontrolle der kantonalen Wirtschaftsförderung im eigentlichen Sinn ermöglichen.

Dieser Abschnitt ist wie folgt aufgebaut: Zuerst wird die traditionelle Cost-Benefit Analyse als eine mögliche Methode der Effizienzkontrolle vorgestellt und ihr Unterschied zum mikroökonometrischen Ansatz herausgestrichen. Anschliessend wird gezeigt, unter welchen Bedingungen die partialanalytischen mikroökonometrischen Parameter mit dieser Cost-Benefit Analyse übereinstimmen. Anhand eines Fünf-Punkte-Schemas wird dann gezeigt, wie die in empirischen Arbeiten oft fehlende oder unzureichende Effizienzkontrolle verbessert werden könnte. In diesem Schema wird erneut besonders auf den in Kapitel 1 angesprochenen totalanalytischen Modellrahmen eingegangen. Das Schwergewicht des Abschnitts 2.5 liegt deshalb auf der totalanalytischen Cost-Benefit Analyse sowie den ebenfalls totalanalytischen berechenbaren allgemeinen Gleichgewichtsmodellen. Der Abschnitt schliesst mit einer Analyse von Studien, welche die Effizienzfrage (totalanalytisch) zu beantworten versuchen.

2.5.2 *Die traditionelle Cost-Benefit Analyse*

Das folgende Modell bezieht sich auf Heckman und Smith (1998). Ziel dieses allgemeinen Modells ist es, einerseits den Ansatz einer traditionellen Cost-Benefit Analyse aufzuzeigen und andererseits eine Verbindung zu den im Abschnitt 2.4 analysierten mikroökonometrischen Evaluationen herzustellen. Es wird, wenn möglich, die in der Literatur gängige Notation verwendet, welche u. a. auf das Kausalitätsmodell von Rubin (1974) zurückgeht (siehe Abschnitt 2.4). Bevor zur konkreten Analyse einige Vereinfachungen eingeführt werden, wird zuerst der allgemeine Fall modelliert.

Um die Notation möglichst einfach zu halten, wird im Folgenden die (mögliche) Konditionierung der Funktionen nach X implizit vorausgesetzt und der Zeitindex t dort weggelassen, wo er nicht explizit verlangt wird.

Das Modell

Wir verwenden j als Index der Politik j, welche aus einer Kombination von $R + 1$ sich gegenseitig ausschliessenden Programmen aus der Menge $\Pi := \{0, 1, \ldots, R\}$ besteht. Die Population sei weiterhin gegeben durch $U = \{1, \ldots, n\}$. $\varphi_j \in \mathbb{R}^q$ ist der Vektor der *Programmintensitäten*, d. h. der Vektor des operationalisierten Instrumenteneinsatzes. Je nachdem, wie viele verschiedene Instrumente zur Anwendung gelangen, kann dieser Vektor verschiedene Dimensionen q annehmen. Die einzelnen Komponenten können diskret (z. B. hohes, mittleres oder tiefes Standortmarketing) oder kontinuierlich sein (z. B. monetäre Operationalisierungen). Der Indexwert $j = 0$ wird dem Benchmark-Zustand «ohne Politik» (bzw. in unserem Fall «keine Wirtschaftsförderung») zugewiesen, d. h. der Politik, die kein Programm resp. nur das Programm 0 mit der Programmintenstität φ_0 betreibt.[61] Mit

61 Man beachte, dass im Allgemeinen $\varphi_0 > 0$ ist, da in einem modernen Wohlfahrtsstaat ständig aktive, interventionistische Wirtschaftspolitik betrieben

$$\begin{aligned} D_j: \quad U \times \mathbb{R}^q &\rightarrow \Pi, \\ (i, \varphi_j) &\mapsto D_j(i, \varphi_j) := D_j^i(\varphi_j) \end{aligned} \tag{2.68}$$

wird eine diskrete Selektions- bzw. Indikatorfunktion[62] definiert, welche jedem Individuum eines der $R+1$ Programme zuordnet in Abhängigkeit von φ_j. $D_j^i = r$ bedeutet also, dass Individuum *i direkt* am Programm r teilnimmt. Die Abhängigkeit der Selektionsvariablen von der Programmintensität kann zum Beispiel daraus resultieren, dass bei begrenzterem Mitteleinsatz weniger Teilnehmer zugelassen werden können. Natürlich hängt die Selektionsvariable auch vom Vektor der Kontrollvariablen X ab. Weiter sei

$$\begin{aligned} c_j: \mathbb{R}_q &\rightarrow \mathbb{R}, \\ \varphi_j &\mapsto c_j(\varphi_j) \end{aligned} \tag{2.69}$$

eine zweimal differenzierbare und (strikt) konvexe soziale bzw. volkswirtschaftliche Kostenfunktion mit den Eigenschaften

---

wird. Die Frage, ob der Mitteleinsatz in der Höhe φ_0 *effizient* eingesetzt wird, ist eine andere Frage und soll hier ausgeblendet werden. Mit anderen Worten: Die Existenz des Wohlfahrtsstaats ist eine exogen gegebene Tatsache.

62 Im Modell von Rubin wurde diese Variable *Ursache* genannt. Wir bezeichnen sie hier als Indikatorvariable, da eine Regierung mehrere Politiken gleichzeitig betreiben kann wie z. B. Steuererleichterungen für Unternehmen einerseits und Subventionierung von Arbeitsplätzen andererseits. Dies führt in unserem Modell bereits zu vier Programmen: Erstens dem Programm ohne jegliche Unterstützung (0), zweitens dem Programm mit Steuererleichterung (1), drittens dem Programm mit Arbeitsplatzsubventionen (2) und viertens schliesslich dem Programm mit Steuererleichterung und Arbeitsplatzsubventionen (3).

Die Variable D_j gibt dann für jedes Individuum an, an welchem Programm es teilnimmt, gegeben der Mitteleinsatz φ_j. So bedeutet in unserem Beispiel $D_j(i, 10 \text{ Mio.}) = 2$, dass die Unternehmung i in der Politik j, welche mit einer Intensität von 10 Mio. CHF betrieben wird, am Programm 2 teilnimmt, d. h. Arbeitsplatzsubventionen erhält.

1. $\frac{dc_j}{d\varphi_j}(\varphi_j) > 0,$

2. $\frac{d^2c_j}{d\varphi_j^2}(\text{‘}_j) > 0$ und

3. $c_j(0) = 0.$

Der Begriff der sozialen Kosten soll hier sehr breit aufgefasst werden und neben den direkten Kosten der Finanzierung auch die indirekten Wohlfahrtsverluste der Steuererhebung *(deadweight-losses)* sowie administrative Kosten usw. umfassen. Der individuelle Erfolg – auch potential outcome genannt – vom Individuum i im Zustand mit Politik j wird durch die auf $\varphi_j \in \mathbb{R}^q$ differenzierbare Funktion

$$\begin{aligned} Y_j : U \times \Pi &\rightarrow \mathbb{R}^v, \\ (i, D_j^i) &\mapsto Y_j(i, D_j^i(\varphi_j)) := Y_{ji}^{D_j^i}(\varphi_j) \end{aligned} \tag{2.70}$$

beschrieben. Abschliessend definieren wir die Funktion

$$\begin{aligned} N_r : \Pi &\rightarrow U, \\ \varphi_j &\mapsto N_r(\varphi_j), \end{aligned} \tag{2.71}$$

welche die Anzahl (direkter) Teilnehmer am Programm r in Abhängigkeit vom Mitteleinsatz φ_j angibt.

Im Folgenden wird ohne Beschränkung der Allgemeinheit der Fall eines einzigen Programms und somit zweier Zustände betrachtet (d.h. $R = 1$ und somit $D_j^i \in \{0, 1\}$) und der Instrumenteneinsatz φ_j sowie der individuelle Erfolg $Y_{ji}^{D_j^i}$ werden als Skalare aufgefasst (d.h. $q = 1$, z.B. Kreditvolumen und $v = 1$, z.B. Stellenprozente).

Im Unterschied zum Kausalitätsmodell von Rubin (1974) ist hier zu beachten, dass wir nun aus der Sicht des Individuums i die Situation ohne Politik ($j = 0$) vom Zustand mit Politik ($j \neq 0$) aber ohne direkte Programmbeteiligung ($D_j^i = 0$) unterscheiden müssen. Dies erklärt auch, wieso die Notation komplexer geworden ist und wir den Unterschied zwischen der *direkten* und der *indirekten* Programmbeteiligung hervorheben. Im Rubin-Modell impliziert die *Stable-Unit-Treatment-Variable Assumption* (SUTVA), dass der Zustand ohne Programm (approximativ) derselbe ist wie der Zustand mit Programm, aber ohne Programmbeteiligung, dass also $Y_{ji}^0 = Y_{0i}$ ist. Mit anderen Worten: Wenn die SUTVA nicht erfüllt ist, tritt ein zusätzlicher dritter potentieller Zustand auf, nämlich Y_{0i}, welcher in der Evaluation mitberücksichtigt werden muss. In unserem vereinfachten Modell haben wir also zusammenfassend folgende Grössen:

1. Y_{ji}^0, Y_{ji}^1, Y_{0i},[63]
2. N_1, $N_0 \equiv n - N_1$,
3. D_j^i und
4. φ_j.

Im vereinfachten Fall, in dem Y_{ij} eindimensional ist und wenn wir weiter annehmen, dass die volkswirtschaftlichen Kosten in derselben Einheit gemessen werden wie die Erfolgsvariable Y_{ij}, lässt sich der *durchschnittliche* volkswirtschaftliche Erfolg unter der Politik j, Y_{ij}, schreiben als

$$\begin{aligned} Y_j(\varphi_j) := \; & N_1(\varphi_j) \cdot E(Y_{ji}^1 \mid D_j^i(\varphi_j) = 1, \varphi_j) \\ & + N_0(\varphi_j) \cdot E(Y_{ji}^0 \mid D_j^i(\varphi_j) = 0, \varphi_j) - c_j(\varphi_j). \end{aligned}$$

Da im Zustand ohne Programm[64] $D_0^i(\varphi_0) \equiv 0 \; \forall i \in U$ und somit $N_1(\varphi_0) = 0$ ist, folgt, dass

$$Y_0(\varphi_0) = n \cdot E(Y_{0i}^1 \mid \varphi_0) - c_0(\varphi_0)$$

ist.

63 Y_{ji}^0 bedeutet also, dass Individuum *i nicht* am Programm teilnimmt, Y_{ji}^1 bedeutet, dass *i direkt* am Programm teilnimmt und Y_{0i} bedeutet, dass *i* in einer Welt ohne Programm und somit auch ohne indirekte Einflüsse von einem Programm lebt.

64 In diesem Fall ist $j = 0$.

Ein benevolenter Planer (z.B. der ideale Wirtschaftsförderer) würde versuchen, dieses Erfolgsmass zu maximieren. Wenn wir annehmen können, dass die üblichen Bedingungen zweiter Ordnung erfüllt sind, dann lautet die notwendige und hinreichende Bedingung für ein Erfolgsmaximum, d.h. für eine optimale Programmintensität φ_j^* im Zustand mit Politik j

$$\frac{\partial Y_j}{\partial \varphi_j}(\varphi_j^*) = 0. \tag{2.72}$$

Wie in Abbildung 1.2 auf Seite 16 ersichtlich ist, handelt es sich dabei lediglich um das optimale Ausführungsniveau der Politik j. Um dann zu entscheiden, welche Politik am besten wirkt, müssten alle mögliche Politiken $j = 0, 1, \ldots, J$ anhand des Erfolgsmasses Y – ausgewertet an ihrer jeweils optimalen Programmintensität φ_j^*, $j = 0, 1, \ldots, J$ – bewertet und verglichen werden.

Die partielle Ableitung des durchschnittlichen Erfolgs nach der Programmintensität (d.h. nach dem Mitteleinsatz) lässt sich – wenn man bedenkt, dass $N_0(\varphi_j) \equiv n - N_1(\varphi_j)$ ist – schreiben als

$$\begin{aligned}
\frac{\partial Y_j}{\partial \varphi_j} &= \frac{\partial N_1}{\partial \varphi_j} \cdot [E(Y_{ji}^1 \mid D_j^i(\varphi_j) = 1, \varphi_j) - E(Y_{ji}^0 \mid D_j^i(\varphi_j) = 0, \varphi_j)] \\
&+ N_1 \cdot \left[\frac{\partial E(Y_{ji}^1 \mid D_j^i(\varphi_j) = 1, \varphi_j)}{\partial \varphi_j} - \frac{\partial E(Y_{ji}^0 \mid D_j^i(\varphi_j) = 0, \varphi_j)}{\partial \varphi_j} \right] \\
&+ n \cdot \left[\frac{\partial E(Y_{ji}^0 \mid D_j^i(\varphi_j) = 0, \varphi_j)}{\partial \varphi_j} \right] \\
&- \frac{dc_j}{d\varphi_j}(\varphi_j).
\end{aligned} \tag{2.73}$$

Die zu operationalisierenden Grössen sind also

1. $\frac{\partial N_1}{\partial \varphi_j}$,

2. $E(Y_{ji}^{1} \mid D_j^i(\varphi_j) = 1, \varphi_j)$ und $E(Y_{ji}^{0} \mid D_j^i(\varphi_j) = 0, \varphi_j)$

3. $\frac{\partial E(Y_{ji}^{1} \mid D_j^i(\varphi_j) = 1, \varphi_j)}{\partial \varphi_j}$ und $\frac{\partial E(Y_{ji}^{0} \mid D_j^i(\varphi_j) = 0, \varphi_j)}{\partial \varphi_j}$ sowie

4. $\frac{dc_j}{d\varphi_j}(\varphi_j)$.

Die erste Grösse (1.) ist einfach zu bestimmen und sollte von der kantonalen Wirtschaftsförderung bereitgestellt werden. Die beiden Erwartungswerte in 2. können zuerst direkt berechnet werden, da sie beide auf im Prinzip beobachtbaren Daten basieren (bzw. auf dem beobachtbaren Zustand definiert sind), und anschliessend voneinander subtrahiert werden. Die marginalen Veränderungen der Erwartungswerte auf Grund der marginalen Veränderung der Politikintensität (3.) werden in der Evaluationsliteratur meistens vernachlässigt. Wenn das Programm jedoch einen Grossteil der Population betrifft, so ist nicht ausgeschlossen, dass eine Veränderung der Intensität auch Auswirkungen auf die dadurch nicht direkt Betroffenen hat, d.h. auf die schon vorher Beteiligten und die auch nachher Nichtbeteiligten.[65] Diese indirekten Effekte, welche nicht durch die soziale Kostenfunktion c_j abgebildet werden, müssen, falls sie relevant sind, mit Hilfe eines berechenbaren allgemeinen Gleichgewicht-Modells ermittelt bzw. (ab)geschätzt werden. Dazu später mehr. Die vierte Grösse (4.) entspricht den marginalen sozialen Kosten des Programms, welche sowohl die zusätzlichen direkten Finanzierungskosten als auch die nicht direkten marginalen Wohlfahrtsverluste der Finanzierung *(dead-weight losses)* beinhalten.

65 Der *Local Average Treatment Effect* (LATE) von Imbens und Angrist (1994), welcher in der Evaluationsliteratur ebenfalls häufig geschätzt wird, kann als Grenzfall des *Average Effect of Treatment on the Treated* (ATT) aufgefasst werden. Der LATE-Parameter gibt dabei die Auswirkungen des Programms auf den (bzw. die) marginalen Programmteilnehmer an, d.h. auf den Teilnehmer, welcher durch die marginale Erhöhung der Programmintensität gerade seinen Zustand wechselt. Die Herleitung und Identifikationsbedingungen für diesen Parameter wurden in Abschnitt 2.4 aus Platzgründen weggelassen.

Es ist interessant zu sehen, dass keiner der oben vorgestellten mikroökonometrischen Parameter einer dieser vier Grössen entspricht: Weder der *Average Treatment Effect* (ATE) noch der *Average Effect of Treatment on the Treated* (ATT) spielen bei der vereinfachten marginalistischen Cost-Benefit Analyse eine Rolle.

2.5.3 War die Wirkungsanalyse also vergeblich?

Wenn weder der ATE- noch der ATT-Parameter eine entscheidende Grösse der marginalistischen Cost-Benefit Analyse sind, müssen wir uns fragen, ob die (partialanalytische) mikroökonometrische Wirkungsanalyse vergeblich war. Die Antwort lautet: nicht ganz. *Erstens* ermöglicht uns die Darstellung der mikroökonometrischen Evaluation deren Analyse und Kritik, da sie den Grossteil existierender Studien zur (kantonalen) Wirtschaftsförderung darstellen, welche zu einem wesentlichen Teil auf diesen Methoden basieren. *Zweitens* beantworten diese mikroökonometrischen Parameter interessante Fragen auf eine methodisch überzeugende Art und Weise, auch wenn diese für eine gesamtwirtschaftliche Evaluation der Wirtschaftsförderung ungeeignet erscheinen.[66] So mag für den Wirtschaftsförderer der ATT-Parameter eine durchaus relevante Grösse sein, denn sie kann ihm einen ersten Hinweis auf die Effektivität seiner eingesetzten Mittel resp. Instrumente und seines Programm-Mixes liefern. *Drittens* können der ATE- und der ATT-Parameter als eine erste (sehr) grobe Approximation der Realität betrachtet werden. Wenn der ATE- und noch viel mehr der ATT-Parameter negative Resultate liefern, ist es sehr unwahrscheinlich, dass das Programm von gesamtwirtschaftlichem Nutzen ist. Umgekehrt kann jedoch von positiven Parameterwerten nicht auf ein positives gesamtwirtschaftliches Evaluationsresultat geschlossen werden, ohne dabei eine Reihe von An-

66 Plakativ ausgedrückt könnte man sagen, dass diese Studien die falschen Fragen richtig beantworten und die richtigen Fragen unbeantwortet lassen.

nahmen zu treffen. Auf diesen Punkt werden wir weiter unten noch ausführlicher zu sprechen kommen. *Viertens* haben wir durch die Ausführungen des Abschnittes über die Wirkungsanalyse eine bessere Vorstellung davon, was die Ökonometrie unter Kausalität versteht.

Im Folgenden soll zuerst gezeigt werden, unter welchen Bedingungen die mikroökonometrischen Parameter für die Cost-Benefit Analyse eine entscheidende Grösse darstellen. Anschliessend werden verschiedene Vorschläge gemacht, wie man die Effizienzanalyse schrittweise verbessern könnte und es werden dabei die Grenzen einer empirischen Effizienz- bzw. Erfolgskontrolle aufgezeigt.

2.5.4 Der Zusammenhang zwischen der mikroökonometrischen Wirkungsanalyse und der traditionellen Cost-Benefit Analyse

Der Nettoerfolg, auf den sich die traditionelle Cost-Benefit Analyse bezieht, sei wiederum durch das folgende, einfache Modell gegeben:

$$\begin{aligned} Y_j(\varphi_j) = \; & N_1(\varphi_j) \cdot E(Y_{ji}^1 \mid D_j^i(\varphi_j) = 1, \varphi_j) \\ + \; & N_0(\varphi_j) \cdot E(Y_{ji}^0 \mid D_j^i(\varphi_j) = 0, \varphi_j) - c_j(\varphi_j). \end{aligned}$$

Im obigen Abschnitt sind wir explizit davon ausgegangen, dass ein benevolenter Planer diese Erfolgsgrösse Y_j maximiert.[67] Einer Evaluation kann aber auch eine Frage in diskreter Form gestellt werden – was in der

67 Ein allwissender benevolenter Planer würde nicht nur Y_j maximieren. Stattdessen würde er nicht nur das Programm j betrachten, sondern gleichzeitig alle möglichen Programme $j = 0, 1, \ldots, J$ berücksichtigen und dasjenige auswählen, welches den maximalen Erfolg verspricht, d.h. er würde das Programm

$$Y_{max} := \max_j Y_j$$

wählen.

Politik auch oft vorkommt[68] –: «Was passiert, wenn das Programm j vollkommen gestrichen wird?» Diese ist eine Alles-oder-Nichts-Evaluation und der daraus abgeleitete allgemeine Cost-Benefit Parameter lautet:[69]

$$Y_j(\varphi_j) - Y_0(\varphi_0) = \{N_1 \cdot E(Y_{ji}^1 \mid D_j^i = 1) + N_0 \cdot E(Y_{ji}^0 \mid D_j^i = 0) - c_j\} \\ - \{n \cdot E(Y_{0i} \mid \varphi_0) - c_0\}. \quad (2.74)$$

In diesem Fall wird also das durchschnittliche Resultat unter Programm j – mit der aktuellen und als fixiert betrachteten Programmintensität φ_j – mit dem Zustand ohne Programm ($j = 0$) verglichen. Dieser Vergleichszustand $Y_0(\varphi_0)$ ist nun – im Gegensatz zur marginalistischen Analyse – ein kontrafaktischer und deshalb nicht beobachtbarer Zustand. Hier erahnen wir bereits, dass durch diesen Umstand die auf der kontrafaktischen Kausalanalyse aufbauende Mikroökonometrie entscheidend sein wird. Die Entscheidungsregel lautet dann: Erhalte das Programm j aufrecht (oder weite es sogar noch aus), wenn $Y_j(\varphi_j) - Y_0(\varphi_0) > 0$ ist und schliesse das Programm j (oder ändere es zumindest ab), falls $Y_j(\varphi_j) - Y_0(\varphi_0) \leq 0$ ist.

Die Aufgabe besteht nun wiederum darin, die fehlenden Daten für den Zustand $Y_0(\varphi_0)$ zu ermitteln bzw. diesen Zustand, so gut es geht, zu approximieren. Eine Möglichkeit dieses Problem zu lösen, besteht in der Postulierung der SUTVA, d.h. der Annahme, dass indirekte Effekte (neben den direkten Finanzierungskosten und den Wohlfahrtsverlusten der Steuererhebung) vernachlässigbar sind. Dies bedeutet, dass man eine partialanalytische Alles-oder-Nichts-Evaluation durchführt und hofft,

68 Es ist eine allgemeine Tatsache, dass in der politischen Debatte meist nicht marginalistisch argumentiert wird, sondern absolut. Die Frage lautet oft «Was passiert, wenn wir diesen oder jenen Ausgabeposten streichen bzw. neu einführen?» und seltener «Was passiert, wenn wir diesen Ausgabeposten marginal verändern?».

69 Die Argumente φ_j und φ_0 werden dann weggelassen, wenn dies mit der Verständlichkeit verträglich und der Lesbarkeit zuträglich ist.

dass diese die Totalanalyse ausreichend approximiert. Wenn nun also die SUTVA als erfüllt betrachtet wird, dann folgt, dass

$$Y_{0i} = Y_{ji}^{0} \quad \forall\, i \in U \tag{2.75}$$

ist. Wenn wir zudem das *Law of Iterated Expectations* auf $E(Y_{i0} \mid \varphi_0)$ anwenden, so erhalten wir

$$\begin{aligned} E(Y_{0i} \mid \varphi_0) &= E(Y_{0i} \mid D_j^i(\varphi_j) = 0, \varphi_0) \cdot P[D_j^i(\varphi_j) = 0 \mid \varphi_j, \varphi_0] \\ &\quad + E(Y_{0i} \mid D_j^i(\varphi_j) = 1, \varphi_0) \cdot P[D_j^i(\varphi_j) = 1 \mid \varphi_j, \varphi_0]. \end{aligned} \tag{2.76}$$

Sowohl die linke Seite dieser Gleichung als auch alle vier Terme auf der rechten Seite sind hypothetische Grössen und daher nicht beobachtbar. Aus der obigen Gleichung und der SUTVA folgen direkt die vier notwendigen Bedingungen, um den Alles-oder-Nichts-Parameter $Y_j(\varphi_j) - Y_0(\varphi_0)$ unverzerrt schätzen zu können. Um die vier kontrafaktischen Terme mit beobachtbaren Grössen ersetzen zu können, müssen folgende vier Bedingungen[70] erfüllt sein:

1. $E(Y_{0i} \mid D_j^i(\varphi_j) = 0, \varphi_0) = E(Y_{ji}^0 \mid D_j^i(\varphi_j) = 0, \varphi_0)$,
2. $E(Y_{0i} \mid D_j^i(\varphi_j) = 1, \varphi_0) = E(Y_{ji}^0 \mid D_j^i(\varphi_j) = 1, \varphi_0)$,
3. $P[D_j^i(\varphi_j) = 1 \mid \varphi_j, \varphi_0] = P[D_j^i(\varphi_j) = 1 \mid \varphi_j]$ und
4. $P[D_j^i(\varphi_j) = 0 \mid \varphi_j, \varphi_0] = P[D_j^i(\varphi_j) = 0 \mid \varphi_j]$.

70 Die Bedingungen 3 und 4 sind natürlich nicht unabhängig voneinander, sondern durch die Identität

$$\begin{aligned} P[D_j^i(\varphi_j) = 1 \mid \varphi_j, \varphi_0] + P[D_j^i(\varphi_j) = 0 \mid \varphi_j, \varphi_0] &\equiv \\ P[D_j^i(\varphi_j) = 1 \mid \varphi_j] + P[D_j^i(\varphi_j) = 0 \mid \varphi_j] &\equiv 1 \end{aligned}$$

verbunden. Auf Grund der besseren Übersichtlichkeit wurden jedoch beide Bedingungen aufgeführt, auch wenn die Erfüllung der einen die Erfüllung der anderen impliziert.

Die *erste Bedingung* verlangt, dass das durchschnittliche Ergebnis eines nicht teilnehmenden Individuums im Zustand mit Programm j dem durchschnittlichen Ergebnis eines Individuums im Zustand ohne Programm entspricht. Diese Grösse, d.h. $E(Y_{ji}^0 \mid D_j^i(\varphi_j) = 0, \varphi_0)$, kann aus den beobachtbaren Daten geschätzt werden. Die *zweite Bedingung* setzt dasselbe für die teilnehmenden Individuen voraus. Diese Grösse, d.h. $E(Y_{ji}^0 \mid D_j^i(\varphi_j) = 1, \varphi_0)$ ist nicht beobachtbar und muss mit Hilfe der mikroökonometrischen Methoden aus Abschnitt 2.4 geschätzt werden. Die *beiden letzten Bedingungen* verlangen, dass die Selektionswahrscheinlichkeit unabhängig von der Interventionsintensität ohne Programm (φ_0) ist.

Im Folgenden werden die Argumente φ_j und φ_0 wenn möglich wiederum weggelassen. Fügt man die obigen vier Bedingungen in die Evaluationsgleichung ein und beachtet wiederum die Identität $n \equiv N_1(\varphi_j) + N_0(\varphi_j)$, so folgt, dass

$$Y_j(\varphi_j) - Y_0(\varphi_0) = N_1(\varphi_j) \cdot \underbrace{E(Y_{ji}^1 - Y_{ji}^0 \mid D_j^i = 1)}_{= ATT} - (c_j(\varphi_j) - c_0(\varphi_0)) \tag{2.77}$$

ist.[71]

Der ATT-Parameter ist also neben den sozialen Kosten *die* entscheidende Grösse in der Evaluation, *falls*

1. die SUTVA gilt und
2. $P[D_j^i \mid \varphi_j, \varphi_0] = P[D_j^i \mid \varphi_j]$

ist. Dies gilt aber auch nur dann, wenn der Evaluation eine Alles-oder-Nichts-Entscheidung zu Grunde liegt! Wenn der Effekt eines *«fine-tunings»* des Programms j bewertet werden soll, dann ist $\frac{\partial Y_j}{\partial \varphi_j}$ der entscheidende Parameter und die sechs daraus folgenden (nicht mikroökonometrischen) Grössen auf Seite 110f. Mit anderen Worten: Damit der ATT-Parameter eine wirtschaftspolitisch relevante Grösse ist, muss

71 Für den Beweis siehe Heckman et al. (1999).

sowohl ein partialanalytischer Rahmen als auch eine Alles-oder-Nichts-Entscheidung vorausgesetzt werden können!

2.5.5 Anforderungen an eine Effizienzanalyse anhand eines Fünf-Punkte-Schemas

Bis jetzt haben wir die traditionelle Cost-Benefit Analyse als Ausgangspunkt unserer Effizienzkontrolle verwendet. Wir haben dabei festgestellt, dass die mikroökonometrischen Parameter der Wirkungsanalyse nur sehr begrenzt auf die Cost-Benefit Analyse anwendbar sind, da die Cost-Benefit Analyse in ihrer allgemeinen Form einen totalanalytischen, die Mikroökonometrie aber einen partialanalytischen Modellansatz verwendet. Im Folgenden wollen wir einen Schritt zurückgehen und uns fragen, welches die Anforderungen an eine Effizienzanalyse sein könnten bzw. sein sollten. Das dabei verwendete Schema ist nach aufsteigender gesamtwirtschaftlicher Relevanz geordnet, wodurch die Anforderungen an die Datenlage und die methodischen Kenntnisse ebenfalls von Stufe zu Stufe zunehmen.

Der Begriff *Punkt* ist dabei nicht mit dem Begriff *Schritt* zu verwechseln. Das folgende Schema soll nicht so verstanden werden, als würden die verschiedenen Punkte lediglich aufeinander aufbauende Schritte zu einer umfassenderen Evaluation darstellen. Die einzelnen Punkte sind z.T. unabhängig voneinander. So ist z.B. der Punkt zwei eine Weiterentwicklung von Punkt eins, denn beide sind partialanalytische Evaluationen. Punkt drei ist allgemein und eine Empfehlung an jede Evaluation. Punkt vier und fünf sind von den Punkten eins und zwei methodisch grundsätzlich verschieden, da sie Totalanalysen darstellen.

Punkt 1: Keine Impact-Analyse ohne direkte Kosten

In vielen der unter Abschnitt 2.4 diskutierten Studien wird der direkte Einfluss – der sogenannte *impact* – eines Programms berechnet, wobei meistens der Effekt des Programms auf die direkt Beteiligten geschätzt, d.h. der ATT-Parameter verwendet wird. Dieser mag – wie oben dargestellt wurde – durchaus einen interessanten Parameter darstellen, welcher unter gewissen Bedingungen sogar *die* entscheidende Grösse einer Cost-Benefit Analyse sein kann. Es ist aber grundlegend falsch, daraus direkt wirtschaftspolitische Empfehlungen abzuleiten, wenn den geschätzten Resultaten nicht zumindest die direkten Kosten der Finanzierung des Programms gegenübergestellt werden. So reibt man sich verwundert die Augen, wenn z.B. Girma et al. (2003) auf Seite 20 nach der Berechnung eines alles in allem positiven Einflusses der irischen Unternehmenssubventionen auf die subventionierten Unternehmen in ihrer Studie zum wirtschaftspolitischen Schluss gelangen, dass

> these empirical findings imply that grant provision can be an effective means to enhance firm performance. For one, it can serve as an instrument of employment creation.

Wenn man diese Schätzungen auf solche Art als Schlussergebnis darstellt, könnte man den Eindruck erhalten, dass den staatlichen Subventionen keinerlei volkswirtschaftliche Kosten gegenüber stünden. Eine dementsprechende Schlussfolgerung wäre nur dann gerechtfertigt, wenn erstens die von den direkt betroffenen Unternehmen zusätzlich zu bezahlenden für die Finanzierung des Programms notwendigen Steuern vernachlässigbar wären und wenn zweitens das explizite Ziel der Intervention darin bestünde, nur genau diese spezifischen Unternehmen zu fördern. Im Allgemeinen ist dieser zweite Punkt nicht gegeben – Ziel der kantonalen Wirtschaftsförderung sind gesamtwirtschaftliche, in diesem Fall kantonale, Grössen – und der erste Punkt ist zumindest fragwürdig.

Ganz anders beurteilen Kangasharju und Venetoklis (2002, S. 29–30) ihre ebenfalls (leicht) positiven Schätzungen der Unternehmenssubventionen in Finnland, indem sie dem *impact* die entsprechenden direkten Finanzierungskosten gegenüberstellen:

> One Euro increases in Investment and Operation subsidies causes the payroll in firms to increase on average by 5 cents. As the average wage is € 21 000, one extra job created with Investment and Operation subsidies costs € 440 000.

> […] This indicates that despite of their statistical significance and objectives to increase employment, Investment and Operation subsidies are expensive from a purely employment point of view.[72]

Durch eine solche Gegenüberstellung von Impact-Schätzungen und direkten Kosten kann eine erste Relativierung der Resultate erzielt werden, was in den meisten Fällen bereits einem deutlichen Fortschritt hin zu einer Objektivierung gleichkommt. Diese Relativierung kann erreicht werden, ohne den partialanalytischen Rahmen verlassen zu müssen.

Ein mögliches Problem tritt auf, wenn die Erfolgsgrösse und die direkten monetären Kosten nicht in derselben Masseinheit operationalisiert wurden bzw. operationalisierbar sind. So ist z. B. die Erhöhung der kantonalen Beschäftigung ein erklärtes Ziel der kantonalen Wirtschaftsförderung, welches auf verschiedene Arten operationalisiert werden kann. Kangasharju und Venetoklis (2002) ziehen die Lohnsumme der Unternehmen als Grösse heran, was den Vorteil hat, dass sie in monetären Einheiten ausgedrückt und somit direkt mit den Finanzierungskosten vergleichbar ist. Der Nachteil besteht darin, dass eine solche Operationalisierung implizit annimmt, Arbeitsstellen mit einem höheren Lohneinkommen seien aus Sicht der Wirtschaftsförderung (resp. der Politik) mehr wert als Stellen mit niedrigerem Einkommen. Dieses Problem kann man umgehen, indem man die Beschäftigung durch die Anzahl Stellenprozente operationalisiert. Mit diesem Vorgehen löst man das eine Problem und fängt sich aber gleichzeitig das andere ein: Die durch die Wirtschaftsförderung verursachten zusätzlichen Stellenprozente können nicht direkt mit den Finanzierungsbeiträgen verrechnet werden. Dennoch wird dem Politiker durch eine Gegenüberstellung

72 Kangasharju und Venetoklis (2002) geben zurecht an, dass sich die Investitionssubventionen nicht nur auf die Beschäftigung, sondern eben auch auf das Investitionsvolumen und somit auf die Produktion auswirken. Dieser Umstand relativiert den grossen Betrag von € 440 000. Wenn jedoch die Beschäftigung das entscheidende (und einzige) Erfolgsmass wäre, so würde diese Form von Wirtschaftsförderung tatsächlich eine enorm kostspielige Beschäftigungspolitik darstellen.

von Kosten und Erfolg der Wirtschaftsförderung eine objektivere Entscheidungsgrundlage geliefert. Auch der Steuerzahler und letztendlich der Stimmbürger erhalten so einen ersten (groben) Eindruck von den Kosten einer Erhöhung der Beschäftigung mit Hilfe der kantonalen (selektiven) Wirtschaftsförderung.

Punkt 2: Deadweight Losses und die Cost-Benefit Analyse

Wie wir im vorangehenden Abschnitt gesehen haben, ist die Berücksichtigung der direkten Finanzierungskosten einer Politik (selbstverständlich) eine notwendige Bedingung einer Evaluation. Dies sind aber nicht die einzigen, direkten Kosten, denn durch die zusätzlich notwendigen Steuern entstehen dem Steuerzahler und somit der Volkswirtschaft insgesamt Wohlfahrtsverluste, die sogenannten *deadweight (welfare) losses*.[73] Diese Wohlfahrtsverluste werden oft durch das Konzept der Konsumentenrente operationalisiert und ökonometrisch über Nachfragefunktionen als monetäre Grössen geschätzt. Die Höhe des Verlustes hängt in erster Linie von der Art der Steuer ab. Eine Pro-Kopf-Steuer würde beispielsweise keine zusätzlichen Wohlfahrtseinbussen bewirken, da sie das Konsumverhalten der Steuerzahler gemäss der mikroökonomischen Konsumtheorie nicht beeinflusst. Weil aber diese Form von Steuern in modernen Wohlfahrtsstaaten auf Grund von Verteilungswirkungen und Gerechtigkeitsüberlegungen nicht praktiziert wird, entstehen z. T. erhebliche Wohlfahrtsverluste, welche v. a. von der Preiselastizität der besteuerten Güternachfrage abhängen. Dies bewirkt eine überproportionale Zunahme der volkswirtschaftlichen Kosten mit zunehmender Steuerbelastung. [74, 75]

73 Für eine ausführliche Diskussion des theoretischen Konzepts der *deadweight losses* im Speziellen und der Operationalisierung der Wohlfahrt mittels *äquivalenter Variation*, *kompensierter Variation* und der *Marshallschen Konsumentenrente* siehe Mas-Colell et al. (1995, Kapitel 3.I).

74 Siehe dazu u. a. Blankart (1998, Kapitel 11, Abschnitt B).

75 Das ist mit ein Grund für die bei der Cost-Benefit Analyse postulierte, konvexe funktionale Form der sozialen Kostenfunktion $c_j(\varphi_j)$.

Obwohl die Wohlfahrtsverluste stark vom Steuersystem, den lokalen Elastizitäten sowie vom allgemeinen Steuerniveau abhängen, können ausländische Schätzungen einen ersten Hinweis auf die zu erwartende Grössenordnung und somit auf die Relevanz dieser Kosten geben. Browning (1987) bietet einen Überblick über entsprechende Schätzungen für die Vereinigten Staaten. Diese Studien nennen eine Spannbreite für die Wohlfahrtskosten von 0$ bis 3$ pro zusätzlich erhobenem $ an Steuern, wobei der Grossteil der Studien im Bereich von 0.5$ bis 1$ liegt – was immer noch beträchtlich ist. Die Verluste durch die Steuererhebung können demnach auch für die Schweiz als beträchtlich angenommen werden und müssen daher korrekterweise in eine einfache Cost-Benefit Analyse integriert werden.

Punkt 3: Die Langfristigkeit der Studien

Die Frage nach dem richtigen Timing und der adäquaten Dauer einer Evaluation wird von der Literatur nicht eindeutig beantwortet. Einige Studien wählen einen einzigen Zeitpunkt zur Evaluation, viele Evaluationen verwenden dagegen Daten über eine Periode von drei bis fünf Jahren. Venetoklis (2002, S. 21) gelangt zum Schluss, dass

> [i]n order to get a full picture of the impact, one needs time series and panel data to examine these periods. Generally, what finally determines these timing issues is the availability, content and format of the data at hand, rather than the optimal design envisioned by the idealist evaluator.

Erst wenn man über Zeitreihen, Paneldaten oder wiederholte Querschnittsdaten verfügt, ist eine adäquate Evaluation möglich, denn manche Einflüsse manifestieren sich erst in der langen Frist.Wenn uns also ein dynamischer Datensatz zur Verfügung steht, so können wir in einem ersten Schritt für jede Periode die Erfolge und die entsprechenden Kosten angeben. Die Frage, die sich dann stellt und die sowohl für die Cost-Benefit als auch für die nachfolgende allgemeine Gleichgewichtsanalyse entscheidend ist, lautet in diesem Fall, wie man die entsprechenden Grössen über die Zeit miteinander verrechnen soll. Eine Möglichkeit besteht in der einfachen Aufsummierung. Eine ökonomisch sinnvollere Art wäre eine Abdiskontierung auf die aktuelle Periode mit Hilfe eines entsprechenden Diskontfaktors. Dies ist auch der explizite Ansatz einer privatwirtschaftlichen Cost-Benefit Analyse. In der Evaluationsliteratur existiert eine lange Diskussion über die richtige Wahl dieses Diskontfaktors, doch in letzter Zeit scheint sich die Ansicht – zumindest unter Ökonomen – durchzusetzen, dass der (langfristige) Marktzinssatz mangels Alternative das beste Opportunitätskostenmass darstellt. Ein damit verbundenes Problem stellt sich bei der Abdiskontierung von nicht monetären Grössen, wie z.B. den oben angesprochenen Stellenprozenten. Der Diskontfaktor widerspiegelt die Kosten des Verzichts von heutigem zugunsten von zukünftigem Konsum und kann als Zeitwert des Geldes interpretiert werden. Dies zeigt, dass z.B. der Marktzinssatz für die Diskontierung von nicht monetären Grössen nicht ohne weiteres das richtige Mass darstellt. Eine Möglichkeit besteht wiederum darin, die nicht monetären Grössen über die Zeit aufzulisten und den Politikern resp. den Wählern die entsprechenden Schlussfolgerungen und Entscheidungen zu überlassen.

Punkt 4: Allgemeine Gleichgewichtseffekte

Die folgenden Ausführungen beruhen zum grössten Teil auf Shoven und Whalley (1992). Eine etwas einfachere Einführung bieten Dinwiddy und Teal (1988). Das Buch von Ginsburgh und Keyzer (1997) stellt einen sehr umfassenden Überblick über berechenbare allgemeine Gleichgewichtsmodelle und viele ihrer Anwendungen dar. Zudem stellen die Autoren dem Leser GAMS *(General Algebraic Modeling System)* vor, ein Software-Paket zur Lösung von nicht linearen Programmierungsproblemen, welches in der Praxis oft zur Berechnung der Gleichgewichtslösungen eingesetzt wird.

Wenn die durchgeführte Politikmassnahme Auswirkungen auf die relativen Preise einer Ökonomie hat – was von breit eingesetzten Massnahmen wie derjenigen der kantonalen Wirtschaftsförderung anzunehmen ist –, so widerspiegelt eine partialanalytische ceteris-paribus Analyse der direkten Effekte die kausale Wirkung der Politik nicht vollständig. In diesem Fall verspricht ein Totalansatz in Form eines Strukturmodells der Wirtschaft eine bessere Abbildung der Realität.

Das auf Walras zurückgehende, allgemeine Gleichgewichtsmodell ist ein solches Strukturmodell. Neben den grossen theoretischen Schwierigkeiten, auf welche in dieser Arbeit nicht näher eingegangen werden kann,[76] besteht ein wichtiger Nachteil dieses Ansatzes darin, dass es unerfüllbare Datenanforderungen impliziert. Das Modell bietet aber aus theoretischer Sicht wichtige Erkenntnisse und Einsichten in die Funktionsweise von interdependenten Systemen. Insbesondere zeigt es die grosse Komplexität einer marktwirtschaftlichen Ordnung auf und verdeutlicht die Bedeutung von Neben- und, falls es dynamisch untersucht wird, auch von Nah- und Fernwirkungen von Markteingriffen.

Das Walrasianische allgemeine Gleichgewichtsmodell in seiner vollen Komplexität eignet sich auf Grund der hohen Datenanforderungen nicht als empirisches Modell, mit welchem die praktischen Fragen der Wirtschaftspolitik angegangen werden könnten. Man kann das Entstehen der Makroökonomie u. a. auf diese Schwäche der mikroökonomischen Gleichgewichtstheorie zurückführen. Die Makroökonomie reduziert die Komplexität der mikroökonomischen allgemeinen Gleichgewichtsmodelle dadurch, dass sie die vielen Akteure und Güter einer Volkswirtschaft auf einige wenige gesamtwirtschaftliche Aggregate zusammenfasst.[77] Mit diesen aggregierten Grössen kann die Ökonomie anschliessend totalanalytisch betrachtet werden, im Idealfall auch dynamisch. Mit der raschen Entwicklung der Computertechnik ab der Mitte des 20. Jahrhunderts, d. h. mit den verbesserten Speicher- und Rechenkapazitäten, wurde neben der Ökonometrie auch das Gebiet der angewandten allgemeinen Gleichgewichtsmodelle *(applied general equi-*

76 Siehe dazu die detaillierten Ausführungen in Mas-Colell et al. (1995) sowie die kürzeren Zusammenfassungen in Shoven und Whalley (1992) und Dinwiddy und Teal (1988).

77 Sie dazu die Ausführungen in Kleinewefers und Jans (1983).

librium models) zunehmend weiterentwickelt. Ziel dieser Gleichgewichtsmodelle ist die Modellierung der Volkswirtschaft auf einem möglichst disaggregierten Niveau, d. h. auf einem Level, bei welchem die Komplexität noch handhabbar ist, die Statistik die nötigen Daten zu vernünftigen Kosten erheben kann und die Rechnerkapazitäten eingehalten werden können. Wenn man ein solches angewandtes allgemeines Gleichgewichtsmodell mit empirischen Daten einer Volkswirtschaft füttert, so erhält man ein sogenanntes berechenbares allgemeines Gleichgewichtsmodell (*computable general equilibrium* (CGE)-Modell).

Wir wollen im Folgenden kurz die Bestandteile dieser CGE-Modelle analysieren und grob skizzieren, wie der Modellierungsvorgang aussieht. Diese Vorarbeiten ermöglichen uns anschliessend, auf einige angewandte Studien einzugehen und deren Relevanz für die Erfolgskontrolle zu untersuchen.

Die Grundstruktur der CGE-Modelle, welche je nach Anwendungsgebiet und Fragestellung erheblich voneinander abweichen können, besteht aus der Nachfrage- und Angebotsseite einer Volkswirtschaft sowie aus Gleichgewichtsbedingungen, welche dafür sorgen, dass die Pläne der Marktteilnehmer (Unternehmen, Konsumenten und Staat) kompatibel sind (Kleinewefers und Jans (1983), S. 30).

Die Angebots- und Nachfrageseite werden dadurch modelliert, dass für die Beantwortung der Frage genügend homogene Akteure zu Branchen sowie Haushalts-Typen zusammengefasst werden. Anschliessend werden funktionale Formen für die entsprechenden Zielfunktionen postuliert, d. h. für die Produktions- und Kostenfunktionen sowie die Nutzenfunktionen. Die am häufigsten verwendete Form ist die CES-Form *(constant elasticity of substitution)*, welche den Cobb-Douglas- und den Leontief-Typ als Spezialfälle enthält. Bei den traditionelleren Modellen werden konstante (oder zumindest nicht zunehmende) Skalenerträge angenommen, damit die Lösbarkeit des Modells unter vollkommener Konkurrenz erhalten bleibt.

Die Produktionsfaktoren werden oft in die beiden Typen Arbeit und Kapital unterteilt mit einer branchenspezifischen Substitutionselastizität innerhalb des Produktionsprozesses zwischen diesen beiden Faktoren. Die Interdependenz innerhalb der Angebotsseite folgt daraus, dass die verschiedenen Branchen Vorleistungen anderer Branchen beziehen. Diese Verflechtung wird oft aus einer Input-Output-Tabelle der zugrunde liegenden Volkswirtschaft für einen bestimmten Zeitpunkt entnommen. Jene Produktionsstruktur wird mit Hilfe von genesteten Produktionsfunktionen abgebildete, welche wiederum branchenspezifische Substitutionselastizitäten zwischen den Vorleistungen spezifizieren.

Die Modellierung der Nachfrageseite erfolgt ganz ähnlich, wobei oft CES-Nutzenfunktionen verwendet und für die spezifischen Haushaltstypen und Güter Substitutionselastizitäten im Konsum angegeben werden. Die Modellierung der Angebots- und Nachfrageseite wird durch die Verhaltensannahmen der Profit- respektive Nutzenmaximierung abgerundet. Daraus lassen sich später, nach der Kalibrierung des Modells, die Angebots- und Nachfragefunktionen berechnen.

Der Staat wird oft als zusätzlicher Haushalt modelliert, welcher Güter konsumiert und seine Einkommen aus einem gegebenen Steuersystem generiert. Zudem kann die Umverteilung direkt zwischen den Haushalten und Branchen erfolgen, indem einige Steuern bezahlen und andere Transfers erhalten.

Das Modell wird durch die Gleichgewichtsbedingungen geschlossen. Dabei können hauptsächlich vier Typen von Gleichgewichtsbedingungen unterschieden werden:

1. Die Nachfrage nach den einzelnen Gütern und Faktoren entspricht deren Angebot,
2. die Branchen erzielen keine positiven Gewinne,
3. die Haushalte (inklusive Staat) erfüllen ihre Budgetrestriktionen, und
4. die Importe entsprechen den Exporten.

In einem nächsten Schritt wird das Modell an die Daten angepasst, indem angenommen wird, dass diese einem Gleichgewichtszustand der Ökonomie entsprechen, dem sogenannten Benchmark-Gleichgewicht. Dieser Vorgang wird als *Kalibrierung* des Modells bezeichnet. Die Verwendung von CES-Funktionen impliziert, dass nicht alle Parameter durch die Daten eindeutig bestimmt werden. Diese Parameterwerte müssen aus der ökonometrischen Literatur entnommen werden. Die restlichen Parameter werden so bestimmt, dass das Modell die Ausgangsdaten, d.h. den Benchmark-Zustand, repliziert. Den Vergleich der Modellresultate mit den Benchmark-Daten nennt man *Replikations-Check*. Hier zeigt sich nun das Problem der fehlenden Eindeutigkeit dieser Modelle, denn es existiert im Prinzip eine Vielzahl von Modellen bzw. Modellspezifikationen, welche dieses Benchmark-Gleichgewicht erzeugen können. Da im Unterschied zu ökonometrischen Modellen keine positiven Freiheitsgrade bestehen, kann auch nicht mit Hilfe von Spezifikationstests zwischen diesen Modellen unterschieden werden.

Das weitere Vorgehen ist dann ziemlich einfach, wobei aber die Berechnungen oft sehr kompliziert sind und die Gleichgewichtslösungen nur numerisch mit Hilfe von Computerprogrammen bestimmt werden können. Die modellexogenen Politikvariablen werden der zugrunde liegenden Fragestellung entsprechend verändert und das neue Gleichgewicht berechnet, das sogenannte *kontrafaktische* Gleichgewicht. Anschliessend können diese beiden Zustände, das Benchmark- und das kontrafaktische Gleichgewicht, miteinander verglichen und die wirtschaftspolitischen Schlussfolgerungen abgeleitet werden.

Da die Nutzenfunktionen explizit formuliert wurden, können auch individuelle (bzw. haushaltsspezifische) Wohlfahrtsmasse berechnet werden wie z.B. die kompensierte Variation, die äquivalente Variation oder geldmetrische Funktionen. Mit solchen CGE-Modellen lassen sich ebenfalls Verteilungsfragen einfach beantworten. Obwohl die Nutzenfunktionen den Individuen für verschiedene Gleichgewichtszustände konkrete, reelle Nutzenwerte oder -niveaus zuordnen, sind diese nicht notwendigerweise kardinal zu interpretieren, sondern können ordinal, d.h. lediglich vergleichend, untersucht werden. Wenn jedoch zusätzlich eine Aggregationsvorschrift für diese personellen Wohlfahrten vorgegeben wird, wie die einzelnen Nutzenwerte zu einem gesellschaftlichen Wohlfahrtsniveau zusammengezählt werden sollen, so müssen die Nutzenwerte mit all den daraus folgenden Problemen kardinal interpretiert werden.

Aus oben stehenden Ausführungen wird klar, dass man im Prinzip mit einem CGE-Modell alle Zellen mit geraden Ziffern, d. h. die Zellen 2 bis 16, der Tabelle 1.1 auf Seite 25, analysieren kann. Dieser Tabellenblock entspricht dem totalanalytischen Ansatz. Eine der grossen Schwächen dieses Ansatzes ist, neben der enormen Anforderung an die Daten, das oben angesprochene Problem der fehlenden Eindeutigkeit solcher Modelle. Das gewählte Modell enthält letztendlich immer eine subjektive Komponente[78] seitens des Analysten.

Punkt 5: Auswirkungen auf die Anreizstrukturen

Einen letzten Punkt, welcher bei Analysen von wirtschaftspolitischen Eingriffen berücksichtigt werden muss, bilden die Auswirkungen solcher Massnahmen auf die Anreizstrukturen der Marktteilnehmer. Dieser Zusammenhang wird in Abbildung 1.1 auf Seite 12 durch den gestrichelten Pfeil 11 dargestellt. Im Fall der kantonalen Wirtschaftsförderung ist beispielsweise zu beobachten, dass grösseren Unternehmen oft mehr Gewicht beigemessen wird, wodurch deren Position in den Verhandlungen mit den Wirtschaftsförderungen gestärkt wird.[79] So bringt die Neuansiedlung eines Grosskonzerns dem Wirtschaftsförderer einerseits Publizität und andererseits werden die auf diese Weise «geschaffenen» Arbeitsplätze zumeist gänzlich der Förderung zugeschrieben. Durch die Bevorzugung von Grossunternehmen in den Verhandlungen entsteht für Firmen ein Anreiz, ihre Grösse auszudehnen, was zu einer Überschreitung der betriebswirtschaftlich optimalen Grösse und (langfristig) zu volkswirtschaftlichen Ineffizienzen führen kann.

Solche ordnungspolitische Konsequenzen von Eingriffen in die Marktwirtschaft sind auf Grund der Komplexität des Gesamtsystems kaum mehr formal zu modellieren. Noch viel schwieriger ist ihre empi-

78 Zumindest eine grössere subjektive Komponente als andere Ansätze wie z. B. der ökonometrische.

79 Dies gilt nicht nur für den Fall der kantonalen Wirtschaftsförderung, sondern allgemein für selektive, interventionistische, wirtschaftspolitische Massnahmen und wird oft unter dem Begriff *too big to fail* zusammengefasst.

rische Überprüfung, da ordnungspolitische Grössen äusserst schwierig zu operationalisieren sind.

2.5.6 Analyse existierender Studien zur Effizienz einer selektiven Wirtschaftsförderung

Die vorliegende Arbeit hat bis hier aufgezeigt, dass Evaluationen von wirtschaftspolitischen Programmen im Rahmen eines allgemeinen Gleichgewichtsmodells, also totalanalytisch, erfolgen sollten, da mit indirekten Effekten der Politikmassnahmen zu rechnen ist. Zudem wurde deutlich, dass diese Erkenntnis methodisch in den seltensten Fällen umgesetzt wird. Dieser Umstand ist einerseits auf ein mangelndes Verständnis der Komplexität einer solchen Evaluation zurückzuführen, andererseits aber vor allem auch auf die fehlenden Daten, um einen solchen Ansatz empirisch umsetzen zu können. Die folgende Analyse existierender Studien zur Effizienzkontrolle erhebt daher keinen Anspruch auf Vollständigkeit. Um eine methodisch saubere und auf einer datentechnisch ausreichenden Grundlage aufbauende Studie präsentieren zu können, welche einen ersten Eindruck von der *Relevanz* solcher indirekter Gleichgewichtseffekte aufzeigt, muss auf zwei Arbeiten zurückgegriffen werden, welche *nicht* regionale Wirtschaftsförderprogramme, sondern ein Arbeitsmarktprogramm sowie nationale Schutzzölle analysieren. Die dritte Studie befasst sich dann mit einem Programm zur selektiven Förderung einzelner Regionen und kommt damit einer totalanalytischen Evaluation der kantonalen Wirtschaftsförderung am nächsten.

Heckman, Lochner und Taber (1998)

Heckman, Lochner und Taber (1998)[80] untersuchen die Auswirkungen von Änderungen der Unterrichtsgebühren (durch selektive Stipendien-

80 Siehe dazu ausführlicher auch Heckman und Lochner (1998). Eine ähnliche Studie ist auch Heckman (2001).

vergaben) auf die Bildung und v. a. auf das Einkommen der Individuen in den USA der 80er Jahre. Diese Studie hat mit der kantonalen Wirtschaftsförderung direkt nichts zu tun, ist aber dennoch sehr aufschlussreich, da die Autoren den partialanalytischen, in Abschnitt 2.4 vorgestellten Ansatz mit dem totalanalytischen, allgemeinen Gleichgewichtsansatz vergleichen. Auf Grund der grösseren (makroökonomischen) Tragweite von Markteingriffen seitens der kantonalen Wirtschaftsförderung ist zu erwarten, dass die Unterschiede zwischen den partial- und den totalanalytischen Ergebnissen in dieser Studie eher geringer ausfallen als im Falle einer Evaluation der kantonalen Wirtschaftsförderung.

Das Modell

Die Gleichgewichtseffekte spielen sich in diesem Fall über die Ertragsrate der Bildung auf dem Arbeitsmarkt ab. Ziel des analysierten Stipendienprogramms ist die Erhöhung des Bildungsniveaus, wodurch wiederum langfristig das Einkommen, respektive das Wirtschaftswachstum, gesteigert werden soll (Stichwort *endogenous growth theory*).

Partialanalytische Schätzungen untersuchen dabei die Auswirkungen der Stipendien auf das Bildungsniveau der direkt Betroffenen *(treated and non treated individuals)* und schliessen dann unter der Annahme fixer Reallöhne Rückschlüsse auf die Einkommenswirkungen. Der totalanalytische Ansatz hingegen trägt der Tatsache Rechnung, dass durch eine Erhöhung der Anzahl Hochschulabgänger die Rendite einer zusätzlichen Bildungseinheit auf dem Arbeitsmarkt sinkt. Indem der Preis für Humankapital variabel gehalten wird, werden indirekte Effekte des Programms auf die Nichtteilnehmer zugelassen, wodurch die *Stable-Unit-Treatment-Variable Assumption* (SUTVA) aufgehoben wird.

Dennoch wird keine totale kontrafaktische Situation modelliert, welche einträte, wenn das Programm gar nicht ausgeführt würde und deshalb auch nicht finanziert werden müsste. Dieser totalanalytische Modellansatz ergänzt daher lediglich den partialanalytischen, indem er den direkten Effekten des Programms die indirekten hinzufügt, jedoch die Ausführung des Programms als gegeben betrachtet. Mit anderen

Worten: Es wird lediglich versucht, die Variablen Y_{1i}^1 und Y_{1i}^0 korrekt zu messen (da die SUTVA nicht mehr haltbar ist), um daraus den effektiven *treatment effect* $Y_{1i}^1 - Y_{1i}^0$ des Arbeitsmarktprogramms $j = 1$ bestimmen zu können. Das Ergebnis ohne Programm ($j = 0$), d.h. Y_{0i}, wird jedoch nicht geschätzt.

Resultate

Da das von den Autoren verwendete berechenbare allgemeine Gleichgewichtsmodell (CGE) für eine Evaluation der kantonalen Wirtschaftsförderung nicht direkt verwendbar ist, soll an dieser Stelle nicht näher darauf eingegangen werden. Es sollen stattdessen nur die Resultate kurz diskutiert werden. Die Modellergebnisse zeigen beispielhaft die Relevanz solcher indirekter Gleichgewichtseffekte auf. Heckman et al. (1998) verwenden zuerst einen partialanalytischen Modellrahmen, in welchem sie die Löhne der Hochschulabgänger als exogen fixiert annehmen. Anschliessend werden in einem totalanalytischen Modell die Löhne endogen bestimmt, wodurch die indirekten Effekte des Programms zum Tragen kommen. Im Rahmen dieser beiden Modellansätze berechnen sie schliesslich verschiedene Parameter, u.a. den *Average Treatment Effect* (ATE), den *Average Effect of Treatment on the Treated* (ATT) und den *Average Effect of Treatment on the Non-Treated* (ATN).

Heckman et al. (1998) zeigen, dass der ATE-Parameter im partialanalytischen Modell lediglich 4.4% unter dem ATT-Parameter liegt. Im totalanalytischen Modell beträgt diese Differenz jedoch 46.5%. Der Unterschied zwischen dem partial- und dem totalanalytischen Parameterverhältnis ist darauf zurückzuführen, dass sich im totalanalytischen Modell der gesunkene Reallohn von Hochschulabgängern auch negativ auf die Einkommen der Hochschulabsolventen auswirkt, welche nicht von Stipendien profitieren konnten *(non-treated individuals)*. Somit zeigt sich, dass die Vernachlässigung von indirekten Gleichgewichtseffekten erhebliche Verzerrungen verursachen kann, insbesondere dann, wenn ein Programm die relativen Preise einer Volkswirtschaft beeinflusst.

Gallaway, Blonigen und Flynn (1999)

Gallaway, Blonigen und Flynn (1999) untersuchen den Effekt von Schutz- und Kompensationszöllen des amerikanischen Antidumping-Gesetzes auf die gesamte amerikanische Volkswirtschaft. Zölle gehören zwar nicht zum Instrumentarium der kantonalen Wirtschaftsförderung, doch können sie auch als Subventionen der dadurch geschützten Güter aufgefasst werden.

Im Unterschied zu den Vereinigten Staaten, welche approximativ als eine geschlossene oder in diesem Falls als grosse, offene Volkswirtschaft modelliert werden können, sind Schweizer Kantone eindeutig kleine, offene Ökonomien. Dementsprechend ist auch zu erwarten, dass Multiplikatoreffekte in den Kantonen in weit geringerem Ausmass auftreten als in den USA.

Dennoch ist die Studie von Gallaway et al. (1999) interessant, da sie sehr detailliert die indirekten Effekte von Zöllen respektive Subventionen mit Hilfe eines CGE-Modells *(computable general equilibrium model)* und stark disaggregierten Daten aufzeigen kann.

Das Modell

In einem ersten Schritt identifizieren die Autoren aus 491 Branchen diejenigen, für welche die Schutz- und Kompensationszölle auf einzelne Güter eine relevante Grösse darstellen. Diese Branchen werden anschliessend zu 20 und die übrigen zu 9 Industrien zusammengefasst. Gallaway et al. (1999) verwenden ein traditionelles CGE-Modell, in welchem repräsentative Konsumenten ihre CES-Nutzenfunktion unter Budgetrestriktionen maximieren, der Staat verschiedene Fiskalinstrumente wie z. B. Einkommens- und Unternehmenssteuern einsetzt und die angesprochenen Zölle erhebt. Die daraus generierten Staatseinnahmen werden in Form von Pro-Kopf Subventionen an die Konsumenten umverteilt. Die Firmen weisen eine CES-Produktionsfunktion mit konstanten Skalenerträgen auf, wobei zwischen Kapital- und Arbeitseinsatz substituiert werden kann, jedoch nicht zwischen den bezogenen Vorleistungen, welche in fixen Anteilen in die Endprodukte einfliessen.[81] Importe und Exporte in einer Industrie werden als unvollständige Substitute mit Hilfe des Armington (1969)-Ansatzes modelliert,[82] auf den hier nicht weiter eingegangen werden kann. Die Wohlfahrt wird anschliessend durch das Mass der Äquivalenzvariation operationalisiert.[83] Dieses Modell wird anschliessend mit den Daten einer *Social Accounting Matrix* von 1993 kalibriert, welche auf einer stark disaggregierten Input-Output Tabelle basiert und diese mit Daten aus der volkswirtschaftlichen Gesamtrechnung sowie mit Fiskaldaten ergänzt.

Resultate

Gallaway et al. (1999) simulieren die kontrafaktische Situation, in welcher die Schutz- und Kompensationszölle aufgehoben werden, d.h. die Situation ohne Schutzzollpolitik ($j = 0$). Zudem zeigen sie in einer Sensitivitätsanalyse auf, dass die Resultate robust gegenüber Parameterspezifikationsänderungen sind.

Die Autoren gelangen zum Schluss, dass sich die jährlichen Wohlfahrtsverluste, welche durch diese Zölle verursacht werden, auf ca. 4 Mia US$ belaufen. Die Ursache dafür liegt darin, dass zwar die geschützten Industrien mehrheitlich von den Zöllen profitieren, der Konsument aber direkt unter den höheren Güterpreisen leidet. Die nicht geschützten Industrien müssen zudem für ihre, von den geschützten Industrien bezogenen, Vorleistungen mehr bezahlen, weshalb sie die Preise ihrer Endprodukte entsprechend erhöhen müssen, was letztlich

81 Deshalb nennt man diese übergeordneten CES-Produktionsfunktionen auch *genestete* Produktionsfunktionen: Das erste Nest bilden die Faktoren Kapital und Arbeit (Cobb-Douglas-Technologie), das zweite Nest entspricht den Vorleistungen (Leontief-Technologie). Die CES-Funktion fasst dann diese beiden Nester zu einer firmenspezifischen Produktionstechnologie zusammen.

82 Wären die importierten und die exportierten Güter einer Industrie perfekte Substitute – also vollkommen homogen – so könnte man nicht gleichzeitig Exporte und Importe innerhalb derselben Industrie modellieren.

83 Siehe dazu u.a. Mas-Colell et al. (1995, Kapitel 3.I).

zu einem indirekten Wohlfahrtsverlust für die Konsumenten führt. Das Modell zeigt damit auf eindrückliche Weise auf, wie selektive Eingriffe in ein interdependentes System diverse, oft sehr komplexe Nebenwirkungen verursachen können. Die direkten Wirkungen des Eingriffs breiten sich auf Grund der Interdependenz, welche in diesem Fall durch die Input-Output Tabelle modelliert werden, im ganzen System aus. Da es sich bei diesem Modell um ein komparativ-statisches Modell handelt, sind die Fernwirkungen in den berechneten Wohlfahrtsverlusten noch nicht enthalten.

Gillespie, McGregor, Swales und Yin (2001)

Gillespie, McGregor, Swales und Yin (2001) evaluieren die schottische selektive Regionalpolitik mit Hilfe eines regionalen CGE-Modells. Das schottische selektive Regionalförderungsprogramm (RSA: *Regional Selective Assistance*) vergibt diskretionäre Subventionen an Firmen bzw. subventionierte Projekte, welche erstens gewisse Rentabilitätskriterien *(viability conditions)* erfüllen und zweitens ohne diese Hilfe nicht umgesetzt würden *(additionality)*. Mit diesem letzten Kriterium sollen die sogenannten Mitnahmeeffekte verhindert werden, welche durch die Unterstützung eines Projektes entstehen, das auch ohne diese Hilfe realisiert worden wäre. Da diese Programme im Zusammenhang mit einem Fördergesetz für lokale Beschäftigung initiiert wurden, verwenden die Autoren die Beschäftigung als Erfolgsmass.

Gillespie et al. (2001) teilen den totalen Beschäftigungseffekt in drei Teilwirkungen auf: erstens in die Netto-Additivität, d.h. in die direkt geschaffene Beschäftigung abzüglich der Mitnahmeeffekte, zweitens in Verdrängungseffekte, welche dadurch entstehen, dass die geschaffene Beschäftigung lediglich auf Kosten von in der Region Beschäftigten geht, die in nicht geförderten Unternehmen angestellt waren und drittens in den durch zusätzliche induzierte Nachfrage verursachten Keynesianischen Multiplikatoreffekt.

Im Unterschied zu den ökonometrischen (partialanalytischen) Ansätzen, welche v.a. den ersten Effekt, d.h. den direkten Programmeffekt, schätzen, konzentrieren sich die Autoren auf die beiden anderen Effekte, welche indirekter Natur sind. Die Netto-Additivität wird dabei von den offiziellen Berichten der Behörden übernommen.

Das Modell

Das CGE-Modell baut auf AMOS auf *(A Macro-Micro Model of Scotland)*, welchem eine Input-Output Tabelle respektive eine *Social Accounting Matrix* der schottischen Volkswirtschaft von 1989 zugrunde liegt.

In diesem Modellrahmen werden auf der Produktionsseite drei Branchen unterschieden: die verarbeitende und die nicht verarbeitende Industrie sowie die Hersteller von nicht oder nur schwer handelbaren Gütern. Die externen Beziehungen werden durch zwei weitere Industrien modelliert, dem «Rest von Grossbritannien» sowie dem «Rest der Welt». Diese beiden Industrien sind durch Import- und Exportbeziehungen mit der schottischen Wirtschaft verbunden. Die Daten der Input-Output Matrix werden wie üblich als langfristiges Gleichgewicht aufgefasst und die Beziehungen zwischen den Industrien durch CES-Produktionsfunktionen modelliert, wobei für die Substitutionselastizitäten ökonometrische Punktschätzungen herangezogen werden.

Im Unterschied zu den gängigen, auf Input-Output Tabellen basierenden Evaluationen seitens der Behörden, gehen die Autoren nicht von Keynesianischen Märkten aus, d.h. von Märkten mit im Prinzip (unendlich vielen) unfreiwilligen Arbeitslosen, fixen Nominallöhnen und Preisen, sondern sie erlauben im Rahmen des CGE-Modells flexible Preise. Als Besonderheiten des Modells von Gillespie et al. (2001) sind erstens die Modellierung von Kapazitätsbeschränkungen in den nicht geförderten Industrien zu nennen, zweitens das Vorhandensein von (quadratischen) Anpassungskosten in Bezug auf den gewünschten Kapitalstock, drittens eine regionale, reale Lohnverhandlungskurve *(bargaining wage function)* sowie viertens eine Gleichung für die Nettomigration.

Die Lohnverhandlungsgleichung berücksichtigt, dass die Verhandlungsposition der Gewerkschaften von der Anzahl Mitglieder und somit negativ von der regionalen Arbeitslosigkeit abhängt. Die Autoren übernehmen die funktionale Beziehung zwischen Lohn und Arbeitslosigkeit von einer ökonometrischen Studie. Die Gleichung lässt sich wie folgt schreiben:

$$w_t^s = \alpha - 0.068 \cdot u_t^s + 0.4 \cdot w_{t-1}^s, \tag{2.78}$$

wobei w^s dem Reallohn in Schottland und u^s der schottischen Arbeitslosenrate entspricht. Der Parameter α wird anschliessend bei der Kalibrierung so festgelegt, dass das Modell die Daten der schottischen Wirtschaft von 1989 repliziert.

Die Nettomigration m hängt positiv vom Lohndifferential zwischen Schottland und dem Rest Grossbritanniens und negativ von der Differenz zwischen den beiden Arbeitslosenraten in den entsprechenden Gebieten ab. Die funktionale Beziehung wird durch folgende Gleichung wiedergegeben:

$$m_t = \beta - 0.08 \cdot (u_t^s - u_t^r) + 0.06 \cdot (w_t^s - w_t^r), \tag{2.79}$$

wobei β wiederum ein Kalibrierungsparameter ist, u^r der Arbeitslosenrate und w^r dem Reallohn des Rests von Grossbritannien entspricht.

Resultate

Gillespie et al. (2001) simulieren verschiedenen Modellspezifikationen und führen zusätzlich – wie in dieser Literatur üblich – sogenannte Sensitivitätsanalysen durch. Dabei werden zuerst für die verschiedenen ökonometrischen Parameterschätzungen unterschiedliche Werte eingesetzt und anschliessend wird überprüft, wie sensitiv die Modellresultate auf solche Veränderungen reagieren. Gillespie et al. (2001) gelangen zum Schluss, dass die von den Behörden publizierten Resultate der simplen Input-Output Analysen den Multiplikatoreffekt auf die Beschäftigung über- und den Verdrängungseffekt unterschätzen.

Es fällt jedoch auf, dass die selektive Regionalförderung langfristig durchwegs positive Auswirkungen auf die schottische Wirtschaft hat und zwar sowohl in Bezug auf die Beschäftigung insgesamt und deren Barwert im Speziellen[84] als auch auf das Bruttoinlandsprodukt (BIP). Solche positiven Auswirkungen sollten in einem kompetitiven Walrasianischen Gleichgewichtsmodell nur auf Grund von externen Effekten, bzw. von Marktversagen und -unvollkommenheiten möglich sein. Die einzigen ersichtlichen Unvollkommenheiten stellen aber nur die Anpassungskosten sowie die gewerkschaftliche Marktmacht dar. Es bleibt aber unklar, inwiefern das regionale Förderprogramm diese Unvollkommenheiten beseitigt oder zumindest reduziert.

84 Zur Problematik der Abdiskontierung in der Volkswirtschaft im Allgemeinen *(social discount rate)* und insbesondere der Abdiskontierung von nicht monetären Grössen wie in diesem Fall der Anzahl Jahresarbeitsplätze siehe die Ausführungen weiter oben.

Kapitel 3
Schlussfolgerungen und Ausblick

3.1 Zusammenfassung

In Kapitel 1 wurde zuerst die Relevanz der Erfolgskontrolle im allgemeinen wirtschaftspolitischen Entscheidungsprozess herausgearbeitet. Es wurden die immense Komplexität einer Evaluation und verschiedene Schritte aufgezeigt, wie diese Komplexität durch vereinfachende Annahmen reduzierten werden könnte. Dieses Vorgehen bildete die Basis für die spätere Einordnung und Kritik existierender und möglicher Evaluationen. Bei der Ausarbeitung einer Erfolgskontrolle sollte man sich also immer wieder vor Augen halten, wie die daraus folgenden Resultate zu interpretieren sind. Die vorliegende Arbeit liefert deshalb auf Grund der Erstellung dieses wirtschaftspolitischen Rahmens einen ersten Beitrag zur wissenschaftlichen Evaluationsdiskussion.

Das Kapitel 2 versucht, ein konkretes Schema einer Erfolgskontrolle aufzuzeigen, an dem sich zukünftige Evaluationen orientieren und mit dessen Hilfe bereits existierende Studien eingeordnet werden können.

Da die vorliegende Arbeit einen methodischen Überblick über die Evaluationsliteratur verschafft, wurde das Hauptaugenmerk auf die Ausarbeitung und Schematisierung der existierenden mikroökonometrischen Methoden gelegt. Diese Methodenübersicht und die Einordnung der Literatur in die Schematik sind m. W. bisher einzigartig. Es wurde deutlich gemacht, dass die meisten Studien, welche den Einfluss von Wirtschaftsförderungsprogrammen zu messen versuchen, einen partialanalytischen Modellrahmen wählen (bzw. implizit annehmen), also lediglich einen *Teil* des Effekts erfassen und den Rest, die sogenannten indirekten (Gleichgewichts-)Effekte, völlig ausser Acht lassen.

Diese Tatsache ist deshalb störend, weil es sich bei vielen Programmen wie beispielsweise bei der Wirtschaftsförderung um wirtschaftspolitische Massnahmen mit *breiter* Wirkung handelt[1] und somit mit grösseren indirekten Effekten zu rechnen ist. Folglich wird der kausale Zusammenhang zwischen der Wirtschaftsförderung und den Zielvariablen nicht korrekt gemessen und ist eine auf solchen Schätzungen basierende Evaluation nur mit allergrösster Vorsicht zu interpretieren.

Infolgedessen wurde ein Fünf-Punkte-Schema ausgearbeitet, einerseits um aufzuzeigen, wie die partialanalytischen Evaluationen verbessert werden könnten und andererseits um den totalanalytischen Ansatz genauer zu erläutern sowie den ordnungspolitischen Rahmen in Erinnerung zu rufen.

Im Folgenden wird in Abschnitt 3.2 kurz auf den aktuellen Stand der Evaluation von kantonalen Wirtschaftsförderungen eingegangen. Die Arbeit schliesst mit dem Abschnitt 3.3, welcher Empfehlungen für die zukünftige Umsetzung der Erfolgskontrolle sowie die dringlichsten Massnahmen angibt.

3.2 Der aktuelle schweizerische Stand der Erfolgskontrolle der kantonalen Wirtschaftsförderung

In diesem Abschnitt wird auf die m.W. neben den Arbeiten von Kleinewefers (2004), Veraguth (2003) und Veraguth und Fuster (2003) einzige offiziell verfügbare Studie zur Evaluation kantonaler Wirtschaftsförderungen näher eingegangen.[2] Die Arbeit von Martin et al. (2003) ist wie

1 Dies im Gegensatz zu den Arbeitsmarktprogrammen, auf denen die Methoden ursprünglich basieren.

2 Es scheint zudem eine Evaluation der Schaffhauser Wirtschaftsförderung zu geben, welche jedoch der Öffentlichkeit nicht zugänglich ist. Die Bitte um Einblick in diese Arbeit ist bis heute unbeantwortet geblieben.

die hier vorliegende Studie v.a. methodischer Natur, was bereits einen ersten Einblick in den Stand der empirischen Evaluation ermöglicht.

Ihre Arbeit wurde im Zusammenhang mit dem am 15. September 1999 neu verabschiedeten Wirtschaftsförderungsgesetz des Kantons-Waadt erstellt. Dieses Gesetz sieht in Artikel 3 eine regelmässige Evaluation der kantonalen Wirtschaftsförderung vor. Um diese Evaluationen in die Praxis umsetzen zu können, wurden Martin et al. (2003) beauftragt, erstens eine adäquate Evaluationsmethodologie auszuarbeiten, zweitens konkrete quantitative und qualitative Evaluationsindikatoren zu bestimmen, drittens den Bestand der zurzeit verfügbaren Daten zu ermitteln und deren Brauchbarkeit zu prüfen sowie viertens Vorschläge für zukünftige Datenerhebungen anzubringen.

Die Autoren wählen einen der vorliegenden Studie ähnlichen Ansatz, indem sie zuerst das Zielsystem der kantonalen Wirtschaftsförderung aus den vorhandenen Gesetzestexten ableiten und dieses System zudem um implizite Ziele ergänzen, anschliessend die zur Verfügung stehenden Instrumente auflisten und schliesslich – analog zur Wirkungsanalyse und Effizienzkontrolle – Evaluationsmethoden vorschlagen.

Martin et al. (2003) definieren drei Zielhierarchien: die globalen (Haupt-)Ziele, die Zwischenziele sowie die Nahziele. Die globalen Ziele stammen einerseits direkt aus den Gesetzesgrundlagen und werden andererseits implizit von der kantonalen Regierung und den betroffenen Akteuren definiert.

Zu diesen Hauptzielen gehören *erstens* die Erhaltung und Schaffung von Arbeitsplätzen, welche durch die Anzahl geschaffener (bzw. erhaltener) Arbeitsplätze nach einem, zwei und fünf Jahren operationalisiert werden, um die Nachhaltigkeit der Politik zu untersuchen, *zweitens* der Wohlstand und das Wohlstandswachstum, operationalisiert durch das Volkseinkommen resp. dessen Wachstum, *drittens* die Erhöhung der Transparenz in der kantonalen Wirtschaftsförderung, *viertens* die nachhaltige Entwicklung des Kantons, welche von den Autoren nicht operationalisiert werden kann, *fünftens* die Regulierung der kantonalen Konjunktur, *sechstens* der Ausgleich der Entwicklung innerhalb des Kantons und *siebtens* schliesslich die Maximierung des Steuerertrags.

Zu den Zwischenzielen zählt u.a. die Diversifikation der kantonalen Wirtschaft sowohl in Bezug auf deren Struktur als auch auf deren geographische Verteilung.

Die Nahziele umfassen u.a. die Förderung des technologischen Transfers und des kaufmännischen Know-hows, die Repräsentation des Kantons im Ausland und die Innovationsförderung.

In einem nächsten Schritt ermitteln Martin et al. (2003) die eingesetzten Mittel der kantonalen Wirtschaftsförderung. Dies sind *erstens* die direkte Subventionierung von diversen Projekten in einzelnen Unternehmen, *zweitens* die Gewährung von Bürgschaften und *drittens* die Zinskostenbeteiligung. Zudem wird die Möglichkeit eines Einsatzes von selektiven Steuererleichterungen erwähnt, welche im Maximalfall sogar zu einer Steuerbefreiung während 10 Jahren ausgebaut werden können.

Die Autoren decken zudem die grosse Heterogenität der beteiligten Akteure auf, welche eine saubere Trennung zwischen kantonaler Wirtschafts*förderung*, allgemeiner kantonaler Wirtschafts*politik* und (nationaler) *Regionalpolitik* erheblich erschwert.

In einem dritten Schritt werden Methoden zur Ermittlung kausaler Wirkungsbeziehungen zwischen den Instrumenten der kantonalen Wirtschaftsförderung und deren Zielsystem erarbeitet.

An diesem Punkt zeigt sich der Unterschied zwischen der Arbeit von Martin et al. (2003) und der vorliegenden Studie. Während erstere ihren Schwerpunkt auf die Ermittlung des Zielsystems sowie der Instrumente legt und die Frage nach den methodischen Grundlagen einer Kausalanalyse und Effizienzkontrolle nur sehr oberflächlich streift, behandelt letztere diese Methoden sehr ausführlich. Demzufolge stehen diese beiden Arbeiten sehr komplementär zueinander.

Martin et al. (2003) schliessen in einem vierten Schritt mit einer Empfehlung für die zukünftige Datenerhebung. Diese sieht vor, dass im Hinblick auf die Durchführung einer glaubwürdigen quantitativen Evaluation in Zukunft die Datenbasis zu den unterstützten Unternehmen und den Unternehmen, welche um Unterstützung angefragt haben, aber abgelehnt wurden sowie den übrigen Unternehmen, erheblich ausgebaut werden muss. Zudem sollte die kantonale Wirtschaftsförderung genauer Buch über ihre Ausgabenposten führen, um den Instrumenteneinsatz präziser quantifizieren zu können.

Am Schluss der Studie halten die Autoren fest, dass es schwierig ist, Daten einer Kontrollgruppe zu erheben, wenn es darum geht, zu überprüfen, inwiefern die kantonale Wirtschaftsförderung neue, ausserkantonale Unternehmen angezogen hat (Stichwort *exogene Wirtschaftsförderung*), da diese Daten vertraulich und deshalb meist nicht zur Verfügung stehen.

Die Studie von Martin et al. (2003) zeigt, wie weit entfernt wir uns von der Umsetzung einer einigermassen seriösen Erfolgskontrolle der kantonalen Wirtschaftsförderung befinden.

3.3 Empfehlungen und Massnahmen zur Realisierung zukünftiger Evaluationen von kantonalen Wirtschaftsförderungen

In diesem letzten Abschnitt werden aus den Erkenntnissen zu den methodischen Grundlagen einer Evaluation und dem im Abschnitt 3.2 aufgezeigten Stand der Erfolgskontrolle der kantonalen Wirtschaftsförderung Empfehlungen abgeleitet, um in Zukunft eine empirische Evaluation zu ermöglichen.

Dabei wird analog zum Vorgehen von Kapitel 1 und zum Fünf-Punkte-Schema von Kapitel 2 zuerst von der Totalanalyse ausgegangen und anschliessend in einem weiteren Schritt deren Komplexität reduziert. Es wäre im Prinzip denkbar, mit zusätzlichen im Kapitel 1 vorgestellten Annahmen die Komplexität weiter zu reduzieren. Der hier vorgestellte Vorschlag geht von den Wünschen an eine ideale Evaluation direkt zu einer meiner Ansicht nach zwar ambitiösen, aber durchaus realisierbaren Evaluationsmethode über.

Die vorgeschlagenen Massnahmen werden dabei unter den Aspekten der Nutzenstiftung, der anfallenden Kosten sowie der zeitlichen Dimension bzw. der Umsetzungsdauer analysiert.

Das Hauptproblem bei der Umsetzung einer empirischen Evaluation der kantonalen Wirtschaftsförderung liegt eindeutig in den fehlenden oder mangelhaften Daten. Martin et al. (2003), S. 5, fassen diese Tatsache wie folgt zusammen:

> L'application de ces méthodes [d'évaluation] requiert l'utilisation de données qui ne sont généralement pas recueillies ou qui ne sont pas conservées sous une forme exploitable.

Aus methodischer Sicht und auf Grund der möglichen indirekten Effekte der kantonalen Wirtschaftsförderung wären totalanalytische, kantonale berechenbare allgemeine Gleichgewichtsmodelle das geeignetste Evaluationsinstrument. Da aber die dafür notwendigen Daten – z.B. eine Input-Output-Tabelle – selbst auf schweizerischer Ebene nur schwierig zu beschaffen sind, muss dieser Ansatz von vornherein ausgeschlossen werden. Dem grossen Nutzen eines regionalen CGE-Modells stünden einerseits immense Datenerhebungskosten gegenüber und andererseits wäre zudem die Realisierung eines solchen Projekts in nützlicher Frist illusorisch.

Deshalb ist in einem nächsten Schritt die Erstellung einer vereinfachten Cost-Benefit Analyse zu prüfen. Eine solche Evaluation würde dieselben Anforderungen an die Daten stellen, wie eine mikroökonometrische Analyse, d. h. möglichst detaillierte individuelle Firmendaten und genaue Angaben zu den einzelnen Tätigkeiten der Wirtschaftsförderung sowie deren Zielsystem.

Zumindest von den geförderten Unternehmen sowie – in begrenztem Ausmass auch – von denjenigen Firmen, deren Projekt bzw. Anträge abgelehnt wurden, sollten die nötigen Daten von der Wirtschaftsförderung ohne grösseren Kosten erhoben werden können.

Es ist zudem denkbar, dass die kantonalen Behörden mit dem Bundesamt für Statistik kooperieren, um so eine Verknüpfung ihrer Daten mit verschiedenen anderen Datensätzen analog zum Fall von Irland zu ermöglichen. Es versteht sich von selbst, dass derart disaggregierte Individualdaten dem Datenschutz unterstellt wären. Die Daten müssten deshalb entsprechend anonymisiert und die damit arbeitenden Evaluatoren mittels Datenschutzverträgen zur Sorgfalt verpflichtet werden. Gerade für grössere Kantone sollte dieser Punkt jedoch kein entscheidendes Hindernis darstellen, da ihre Population (in den meisten Fällen) breit genug ist, um entsprechende Anonymisierungen durchführen zu können.

Solche Daten könnten bereits früh ausgewertet werden, indem z. B. auf dem Cross-Section Parameter basierende Schätzmethoden erste *impact*-Schätzungen lieferten. Diese Schätzresultate könnten einen ersten, groben Anhaltspunkt über den Effekt der Wirtschaftsförderung abgeben. Mit zunehmender Zeitspanne entstünde dann ein Paneldatensatz, welcher zu entsprechend verlässlicheren Schätzungen führen würde.

Zusätzlich zu den direkten Effekten *(impacts)* und den direkten (Finanzierungs-)Kosten, müsste man versuchen, die *opportunity costs* zu operationalisieren und zu messen. Dies könnte entweder durch eigene, kantonale Studien erreicht werden (z. B. Schätzung von kantonalen *deadweight losses*), oder man könnte sich vergleichbarer ausländischer Schätzungen bedienen, diese als erste Approximation der eigenen Opportunitätskosten betrachten und in die Analyse einbauen.

Durch diese drei Massnahmen – die Programm-*impact*-Schätzung auf Grund von individuellen Unternehmensdaten, eine detaillierte Auflistung des Instrumenteneinsatzes bzw. der Finanzierungsseite der Wirtschaftsförderung sowie die Bereitstellung einer (groben) Schätzung der Opportunitätskosten – könnten in nützlicher Frist und zu vernünftigen Kosten erste brauchbare Resultate erzielt werden, auch wenn diese in Anbetracht der aufgezeigten Komplexität sehr vorsichtig interpretiert werden müssten.

Literaturverzeichnis

Armington, P.S. (1969). A theory of demand for products distinguished by place of production. *International Monetary Fund Staff Papers 16*, 159–176.

Arrow, K.J. (1963). *Social Choice and Individual Values.* Wiley, New York.

Baldegger, R. (1995). *Wirtschaftsförderung aus Sicht kleinerer und mittlerer Betriebe: Eine empirische Untersuchung der Situation und der Bedürfnisse kleinerer und mittlerer Betriebe im Kanton Freiburg.* Unveröffentlichte Dissertation, Universität Fribourg.

Bergström, F. (2000). Capital Subsidies and the Performance of Firms. *Small Business Economics*, 183–193.

Blankart, C.B. (1998). *Öffentliche Finanzen in der Demokratie: eine Einführung in die Finanzwissenschaft* (3 Aufl.). Vahlen, München.

Blundell, R. & Costa Dias, M. (2000). Evaluation methods for nonexperimental data. *Fiscal Studies, 21*, 427–468.

Boarnet, M.G. & Bogart, W.T. (1996). Enterprise Zones and Employment: Evidence form New Jersey. *Journal of Urban Economics*, 198–215.

Bondonio, D. (2001). Evaluating Decentralized Policies: How to Compare the Performance of Economic Development Programs across Different Regions or States. *Working Paper No. 17*, University of Eastern Piedmont.

Bondonio, D. & Engberg, J. (2000). Enterprise zones and local employment: evidence from the states' programs. *Regional Science and Urban Economics*, 519–549.

Browning, E.K. (1987). On the Marginal Welfare Cost of Taxation. *American Economic Review, 77*, 11–23.

Burkhard, L. (2004). *Wirtschaftsförderung in den Kantonen – Ein einleitender Überblick über die Methoden der Wirtschaftsförderung der Kantone.* (Seminararbeit am Seminar für Wirtschafts- und Sozialpolitik der Universität Fribourg.)

Costa Dias, M.S.R. da (2002). *Essays on the Evaluation of Social Programmes.* Unveröffentlichte Dissertation, University College London.

Dehejia, R.H. & Wahba, S. (2002). Propensity score-matching methods for non-experimental causal studies. *The Review of Economics and Statistics*, 151–161.

Dinwiddy, C.L. & Teal, F. (1988). *The Two-Sector General Equilibrium Model: A New Approach.* Philip Allan / St. Matin's Press.

Fisher, R.A. (1935). *The Design of Experiments* (3 Aufl.). Oliver and Boyd, London.

Frey, R.L. (1985). *Regionalpolitik: eine Evaluation.* Paul Haupt, Bern und Stuttgart.

Friedman, M. (1959). *Essays in positive economics.* The University of Chicago Press.

Fuster, M. (2000). *Wirtschaftsförderung in den finanzstarken Kantonen.* Unveröffentlichte Diplomarbeit, Universität Bern.

Gallaway, M.P., Blonigen, B.A. & Flynn, J.E. (1999). Welfare costs of the U.S. antidumping and countervailing duty laws. *Journal for International Economics*, 211–244.

Gillespie, G., McGregor, P.G., Swales, K.J. & Yin, Y.P. (2001). The Displacement and Multiplier Effects of Regional Selective Assistance: A Computable General Equilibrium Analysis. *Regional Studies*, 125–139.

Ginsburgh, V. & Keyzer, M. (1997). *The Structure of Applied General Equilibrium Models.* The MIT Press, Cambridge (Mass.).

Girma, S., Goerg, H. & Strobl, E. (2003). Government Grants, Plant Survival and Employment Growth: A Micro-Econometric Analysis. *IZA Discussion Paper No. 838*, University of Bonn.

Greene, W.H. (2003). *Econometric Analysis* (5 Aufl.). Prentice Hall, New Jersey.

Hausman, J.A. (1978). Specification Tests in Econometrics. *Econometrica, 46.*

Hayek, F.A. von (1969). Der Wettbewerb als Entdeckungsverfahren. In F. A. von Hayek (Hrsg.), *Freiburger Studien. Gesammelte Aufsätze.* Mohr Siebeck, Tübingen.

Heckman, J.J. (1979). Sample Selection Bias as a Specification Error. *Econometrica, 47.*

Heckman, J.J. (2001). Accounting for Heterogeneity, Diversity and General Equilibrium in Evaluating Social Programmes. *The Economic Journal*, 654–699.

Heckman, J.J. & Hotz, V. (1989). Choosing among alternative nonexperimental methods for estimating the impact of social programs: The case of manpower training. *Journal of the American Statistical Association*, 862–875.

Heckman, J.J., LaLonde, R.J. & Smith, J.A. (1999). The Economics and Econometrics of Active Labor Market Programs. In A. Ashenfelter & D. Card (Hrsg.), *Handbook of labor economics* (Bd. 3, S. 1865–2097). Elsevier Science.

Heckman, J.J. & Lochner, L. (1998). Explaining Rising Wage Inequality: Explorations with a Dynamic General Equilibrium Model of Labor Earning with Heterogenous Agents. *Review of Economic Dynamics*, 1–58.

Heckman, J.J., Lochner, L. & Taber, C. (1998). General-Equilibrium Treatment Effects: A Study of Tuition Policy. *AEA Papers and Proceedings*, 381–386.

Heckman, J.J. & Smith, J. (1998). Evaluating the Welfare State. *NBER Working Paper No. 6542.*
Holland, P.W. (1986). Statistics and Causal Inference. *Journal of the American Statistical Association, 81*, 945–960.
Holland, P.W. & Rubin, D.B. (1983). On Lord's Paradox. In H. Wainer & S. Messick (Hrsg.), *Principals of modern psychological measurement* (S. 3–25). Hillsdale, New Jersey.
Holtzmann, H.-D. (1997). *Regionalpolitik der Europäischen Union: eine Erfolgskontrolle in theoretischer und empirischer Sicht.* Duncker und Humblot, Berlin.
Imbens, G. & Angrist, J. (1994). Identification and Estimation of Local Average Treatment Effects. *Econometrica, 62*, 467–471.
Kangasharju, A. & Venetoklis, T. (2002). Effect of Business Subsidies on Labour Demand: Overall Evaluation with Regional Extensions. *VATT-Discussion Papers No. 268.*
Kangasharju, A. & Venetoklis, T. (2003). Do Wage-Subsidies Increase Employment in Firms? *VATT-Discussion Papers No. 304.*
Kleinewefers, H. (1996). *Theorie der Wirtschaftspolitik II: Wohlfahrtsökonomie.* Seminar für Wirtschafts- und Sozialpolitik der Universität Fribourg.
Kleinewefers, H. (1997). *Erfolgsbedingungen regionaler Entwicklung: Kritisches und Konstruktives zur kantonalen Wirtschaftsförderung.* Seminar für Wirtschafts- und Sozialpolitik der Universität Fribourg.
Kleinewefers, H. (1998). *Theorie der Wirtschaftspolitik I: Einführung und Überblick.* Seminar für Wirtschafts- und Sozialpolitik der Universität Fribourg.
Kleinewefers, H. (2004). Zur Erfolgskontrolle der kantonalen Wirtschaftsförderung: Ein konkreter Vorschlag. *DISP*, 18–22.
Kleinewefers, H. & Jans, A. (1983). *Einführung in die volkswirtschaftliche und wirtschaftspolitische Modellbildung.* Vahlen, München.
Konjunkturforschung Basel AG (BAK). (1998). *Internationaler Benchmark Report: Branchen und Regionen im internationalen Vergleich.*
Küng, L. (2004). The Impact of Immigration on Swiss Wages: A FE-2SLS Analysis with Self-Selection. *mimeo*, University of Fribourg.
Lammers, K. & Niebuhr, A. (2002). Erfolgskontrolle in der deutschen Regionalpolitik: Überblick und Bewertung. *HWWA-Report No. 214.*
Martin, M.-J., Soguel, N., Falchini, G. & Cardinaux, P.-A. (2003). Méthodololgie d'évaluation des efforts de promotion économique: Le cas de la Loi vaudoise sur la promotion économique. *Ernst and Young & IDHEAP, Lausanne.*
Mas-Colell, A., Whinston, M.D. & Green, J.R. (1995). *Microeconomic Theory.* Oxford University Press.

Neyman, J., Iwaszkiewicz, K. & Kolodziejczyk, S. (1935). Statistical Problems in Agricultural Experimentation. *The Journal of the Royal Statistical Society (Supplement)*, *2*, 107–180.

Roper, S. & Hewitt-Dundas, N. (2001). Grant Assistance and Small Firm Development in Northern Ireland and the Republic of Ireland. *Scottish Journal of Political Economy*, 99–117.

Rosenbaum, P. & Rubin, D. (1983). The Central Role of the Propensity Score in Observational Studies for Causal Effects. *Biometrika*, 41–55.

Rubin, D. (1974). Estimating Causal Effects of Treatments in Randomized and Non-Randomized Studies. *Journal of Educational Psychology*, *66*, 688–701.

Schedler, K. (1995). *Ansätze einer wirkungsorientierten Verwaltungsführung: Von der Idee des New Public Managements (NPM) zum konkreten Gestaltungsmodell: Fallstudie Schweiz.* Paul Haupt, Bern und Stuttgart.

Schedler, K. & Proeller, I. (2000). *New Public Management.* Paul Haupt, Bern und Stuttgart.

Shoven, J.B. & Whalley, J. (1992). *Applying general equilibrium.* Cambridge University Press.

Tanzi, V. & Schuknecht, L. (2000). *Public Spending in the 20th Century – A Global Perspective.* Cambridge University Press.

Venetoklis, T. (2002). Public Policy Evaluation: Introduction to Quantitative Methodoligies. *VATT-Research Reports No. 90.*

Veraguth, T. (2003). *Kantonale Wirtschaftsförderung: ein erster Vergleich.* Credit Suisse Economic & Policy Consulting.

Veraguth, T. & Fuster, M. (2003). *Arbeitsbericht: Kantonale Wirtschaftsförderung – Eine Analyse der Tätigkeiten der kantonalen Standortpromotionen.* Credit Suisse Economic & Policy Consulting.

Wooldridge, J.M. (2002). *Econometric Analysis of Cross Section and Panel Data.* MIT Press.

FSC
www.fsc.org
MIX
Papier | Fördert gute Waldnutzung
FSC® C083411

Kolibri 360 GmbH
Ferdinand-Jühlke-Straße 7
99095 Erfurt, Deutschland
produktsicherheit@kolibri360.de

Druck:
CPI Druckdienstleistungen GmbH
im Auftrag der
Kolibri 360 GmbH
Ferdinand-Jühlke-Str. 7
99095 Erfurt